Sonia Chirico

CREA LA TUA IMMAGINE
Tutto passa attraverso il modo in cui ti vedi

© Sonia Chirico, 2024.

Autoritas Editore, Prima edizione.

INDICE

INDICE 3
Prefazione a cura di Elena Setzu 4
INTRODUZIONE 5
Capitolo 1 .... **8**
La tua immagine come specchio della fiducia che riponi in te 8
Capitolo 2 .... **26**
Valorizzare i punti di forza e minimizzare i difetti 26
Capitolo 3 .... **43**
Ricreare la propria immagine 43
Capitolo 4 .... **69**
L'importanza dell'individualità 69
Capitolo 5 .... **94**
I problemi che sai (e quelli che non sai) di avere 94
Capitolo 6 .... **106**
La trasformazione che non ti aspetti 106
Capitolo 7 .... **137**
Storia di un amore verso se stessi 137
Capitolo 8 .... **156**
Stile personale e comunicazione non verbale 156
Capitolo 9 .... **174**
Migliorare la propria autostima attraverso un cambiamento esteriore 174
Capitolo 10 .... **193**
Sonia 193

Prefazione a cura di Elena Setzu

"Le sono bastati soltanto dieci secondi, per darmi feedback più utili di tutti quelli che ho imparato in anni di formazione e studio della crescita personale".

Queste, le parole che ho esclamato non appena chiusa la mia prima videochiamata con Sonia Chirico, qui nel mio ufficio di Dubai.

E non starò qui ad elencarvi tutti gli studi che hanno dimostrato che autostima, felicità e performance (nella vita personale, nella carriera, nelle relazioni) sono direttamente collegate al modo in cui ognuno di noi si vede, e che quindi vedersi unici e sicuri di sé conduce inevitabilmente ad una vita migliore sotto tutti i punti di vista…

Piuttosto, sono qui a raccontarvi di come Sonia sia esattamente la persona giusta per voi, se per qualsiasi ragione avete bisogno di un cambiamento, piccolo o grande che sia, all'interno della vostra vita.

In questa opera troverete un mix di consigli concretamente applicabili fin da subito, storia, stile, esempi e vere e proprie illuminazioni. Scoprirete l'impatto che elementi come forme, colori e dettagli avranno sulla vostra immagine fin da subito. Troverete un viaggio senza filtri che vi porterà a conoscere meglio voi stessi, e ad accorciare il gap tra la vostra realtà attuale e la condizione ideale in cui vorreste vivere le vostre relazioni personali e lavorative.

Che abbiate o meno un'occupazione lavorativa o una carriera, fidatevi delle mie parole, fidatevi di Sonia Chirico.

Elena Setzu

INTRODUZIONE

Consentitemi di esordire con una domanda.

Vi prego di chiudere gli occhi per un istante: se mi sentiste pronunciare le parole "Consulente d'immagine", quali sarebbero i primi pensieri che apparirebbero, come dei flash, nella vostra mente?

Molto probabilmente, stralci di programmi televisivi sul genere "Reality Show", oppure, decine e decine di donne che, sui Social, postano video sui "dieci modi che non conoscevi per annodare un foulard", o su come nascondere una pancia cadente evitando la seccatura di andare in palestra.

Ebbene, permettetemi una sorta di "Polemica Benevola": "Consulente di Immagine" non ci si improvvisa. E, nemmeno è sufficiente frequentare uno degli infiniti corsi che spopolano ultimamente, per fregiarsi di questo titolo.

La "Consulenza d'Immagine" ha radici antichissime. Pensiamo ai Capi di Stato, alle Altezze Reali. Credete davvero che abbigliamento, gioielli, accessori, fossero scelti a caso? Ovviamente, no.

Ogni abito che indossiamo, ogni colore, ogni oggetto che portiamo addosso, ha la precisa funzione di far arrivare al resto del mondo ciò che noi desideriamo che esso percepisca a nostro riguardo.

Giungiamo, dunque, a questa prima, fondamentale, affermazione: la Consulenza d'Immagine è mirata, a tutti gli effetti, a favorire la comunicazione.

E già questo primo dato di fatto, ci fa scalare una serie notevole di gradini da quel: "Sai, la mia vicina di casa ha fatto un corso di armocromia: mi ha detto che dovrei vestirmi di giallo!"

Sciocchezze! La Consulenza d'Immagine è un'attività che comporta un forte senso di responsabilità, intense doti empatiche, fondamenti di psicologia, profonda capacità d'intuizione. È una professione seria e impegnativa, che riguarda molteplici settori e che, non poche volte (lasciatemi esagerare) riesce letteralmente a cambiare (ovviamente in positivo) la vita delle persone!

Giusto per conferire ancora ulteriore dignità a questa scelta di carriera che, spesso, è paragonabile a vera e propria arte, permettetemi di ricordarvi le più grandi Dive del Cinema, coloro che hanno fatto la Storia: chi c'era alle loro spalle? Chi ha creato quei personaggi che, ancora oggi, in alcuni casi, vengono definiti "Divine"?

Un po' di storia.

Vi cito un titolo, uno per tutti: "Dress for Success": Una sorta di "Bibbia" del settore, pubblicato nel 1975, che, finalmente, fornì una definizione - oltre a sancirne importanza e rispettabilità - di questa professione e fece comprendere, anche alle persone comuni, l'importanza di riuscire a comunicare al mondo, il messaggio che si vuole veicolare, attraverso il proprio aspetto!

Concludo questa introduzione affermando che io amo il mio lavoro! Amo aiutare le persone a stare meglio, tirando fuori la loro parte migliore, sebbene senza "cambiarle".

Il mio successo più grande è riuscire ad infondere sicurezza grazie all'armonia e mi auguro, attraverso questo testo, di sfatare molti "falsi miti" relativi a questo argomento, di far comprendere ad un numero sempre maggiore di persone in cosa consiste questa professione, in quanti campi si applichi, quanto riesca a migliorare la qualità di vita e quanto possa risultare accessibile anche a coloro che credono sia un'esperienza riservata solo a determinate fasce di pubblico.

Vi invito, dunque, a seguirmi in questo viaggio che, come in una specie di alchimia, avrà come scopo ultimo, la scoperta di chi siamo veramente e dell'impronta che vogliamo lasciare sul mondo.

Sonia Chirico

Capitolo 1

La tua immagine come specchio della fiducia che riponi in te

Voglio cominciare questo primo capitolo comunicandoti quanto io sia felice del fatto che tu abbia deciso di approcciarti alla lettura di questo libro: sono certa che avrai preso questa decisione, alla ricerca di un "qualcosa" di forse ancora indefinito, ma che consideri in grado di apportare miglioramenti alla tua esistenza attuale, dunque permettimi di ringraziarti per la fiducia che hai riposto in me e di dirti che farò in modo di ricambiarla offrendoti, attraverso questo testo, una serie di spunti intuitivi e di nozioni vere e proprie che avranno, per te, la funzione di una sorta di "mappa" iniziale per consentirti di muoverti con una maggiore consapevolezza all'interno di questo affascinante universo che è lo studio della tua immagine.

La relazione tra autostima e percezione di sé, è un tema affascinante, che suscita molta curiosità. In questo capitolo esploreremo come migliorare l'autostima, cosa scatena la bassa autostima e quali fattori possono influenzarla. Scopriremo anche strategie efficaci per superare la bassa autostima e aumentare la fiducia in se stessi.

Intanto, desidero darti una spiegazione iniziale di quello che, in fin dei conti, risulterà essere una sorta di "fil rouge", che collegherà tutte le tematiche che andrò ad esprimere in questo testo.

Mi riferisco al concetto di *"immagine di sé"*.

Sì, perché la relazione tra autostima e percezione di sé, rappresenta una sfida da affrontare per molte persone.

La percezione di sé, influisce direttamente sull'autostima e viceversa. Spesso, infatti, la bassa autostima può portare ad una percezione negativa di sé stessi, mentre una percezione distorta può influire negativamente sull'autostima.

È importante comprendere che la percezione di sé è influenzata da molti fattori, come l'educazione ricevuta, le esperienze passate, le aspettative sociali, il cambiamento del nostro corpo... Per migliorare la relazione tra autostima e percezione di sé, è necessario lavorare su questi fattori, identificando le credenze limitanti e sostituendole con pensieri positivi e realistici.

Solo attraverso un lavoro costante su di sé è possibile raggiungere una sana autostima e una percezione più accurata di se stessi.

Sappi che, quella che definisco l'"immagine di sé" ha un'influenza estremamente spiccata, della quale, probabilmente, molte persone sono inconsapevoli, su tutta la sfera dei comportamenti umani. Questo perché, l'immagine di sé, è correlata fortemente alla sensazione di autostima che caratterizza ciascun individuo.

Ciò vuol dire che la personale visione che tu hai di te stesso, influisce direttamente e poderosamente su quanto ti apprezzi o ti svaluti e, tale percezione, come è ovvio, finirà con l'influire su ogni ambito della tua vita.

I fattori che influenzano l'autostima possono essere molteplici e identificarli è il primo passo per superarli. Uno dei principali fattori è l'ambiente sociale in cui ci si trova, che può essere positivo o negativo nei confronti dell'individuo.

Le esperienze passate e le relazioni interpersonali, giocano un ruolo fondamentale nella percezione di se stessi.

Inoltre, i messaggi subliminali e le aspettative degli altri, possono influenzare notevolmente l'autostima.

Altri fattori importanti sono la capacità di affrontare le sfide, la gestione dello stress e l'autocritica.

Superare questi fattori richiede consapevolezza di sé, lavoro su se stessi, imparare a riconoscere e a rifiutare pensieri negativi, cercare il sostegno di persone positive e adottare strategie per sviluppare una visione positiva di se stessi.

A questo punto di questo mio discorso, è importante specificare che il livello della tua autostima, non verrà determinato solo attraverso il riconoscimento dei tuoi personali talenti e delle tue capacità, bensì anche mediante la percezione che possiedi del tuo aspetto esteriore.

Se sei una persona che percepisce il suo aspetto in forma negativa, potresti assumere atteggiamenti diversi, che possono risultare più o meno deleteri.

Quasi ogni giorno assisto a tentativi, messi in atto da chi mi circonda o da chi si affida ai miei servizi, di cercare di nascondere o mortificare il proprio aspetto, oppure, in casi più estremi, addirittura a sforzi disperati per cercare di modificarlo, in modo transitorio o permanente, mediante trattamenti estetici o veri e propri interventi chirurgici.

Tutto questo, per un'unica ragione: la ricerca di un'immagine ideale di perfezione che non esiste e che moltissime persone costruiscono ed interiorizzano.

Questo succede a causa della società in cui viviamo oggi: siamo nell'era dei social, dove i filtri fanno da padrone e favoriscono una comunicazione, a mio parere, negativa.

Negativa perché, in quanto irraggiungibile, può generare un perenne stato di insoddisfazione e di frustrazione.

Considero estremamente importante ribadire quanto, l'immagine di sé, sia strettamente connessa a quella che viene comunemente definita "comunicazione non verbale".

Con ciò intendo dire che, a seconda della considerazione che tu detieni nei riguardi di te stesso, in linea di massima, sceglierai di adottare, non solo una particolare tipologia di abbigliamento, ma tenderai a mostrare anche una caratteristica postura e una specifica gestualità non propriamente positiva..

Ciò che desidero che tu comprenda, dunque, è che, il fatto che la tua comunicazione risulti efficace o meno, dipenderà fortemente dai sentimenti che, tu stesso, sperimenti nei tuoi confronti, così come dal livello della tua autostima.

Devi sapere, infatti, che, le prime impressioni al nostro riguardo, ovvero quelle che facciamo in modo di suscitare negli altri ancora prima di presentarci, sono strettamente correlate alla elaborazione che, proprio questi "altri" faranno delle informazioni successive che noi forniremo loro.

L'importanza della nostra prima impressione: perché conta così tanto?

La nostra prima impressione può determinare come gli altri ci percepiranno e potrebbe essere la chiave per il nostro successo a livello personale e professionale.

L'importanza della nostra prima impressione è indiscutibile, sia nella sfera personale che professionale. Sapere come dare un'impressione positiva di noi stessi sin da subito, può aprire molte porte e opportunità nella vita.

La nostra prima impressione conta così tanto perché è il primo impatto che diamo agli altri e può influenzare le loro percezioni su di noi.

Le persone tendono a giudicare gli altri basandosi su come appaiono, come si presentano e come si comportano inizialmente.

Una buona prima impressione può creare fiducia, aprire porte e favorire opportunità di successo personale e professionale. Al contrario, una cattiva prima impressione può essere difficile da cambiare e potrebbe portare alla perdita di occasioni importanti.

Pertanto, è fondamentale prestare attenzione a come ci presentiamo agli altri sin da subito.

Quando incontriamo qualcuno per la prima volta, ci formiamo immediatamente un'opinione su di lui, che può influenzare le nostre interazioni future.

Per questo motivo è estremamente importante presentarsi in modo appropriato, essere cordiali e rispettosi, ascoltare attentamente gli altri e mostrare interesse nei loro confronti.

Così come è estremamente importante prestare attenzione alla nostra comunicazione non verbale, che si esprime attraverso atteggiamenti come il contatto visivo e la postura.

Un sorriso sincero può fare la differenza nel creare un'impressione positiva negli altri.

Ascoltare attentamente chi ci sta parlando, dimostrando interesse e rispetto per le sue opinioni, suscita una predisposizione positiva nei nostri confronti.

Nelle interazioni con gli altri ricordati di evitare di parlare troppo di te stesso e focalizza, invece, l'interesse su chi ti sta di fronte.

Così facendo, darai un'impressione di sicurezza e di professionalità, ma, soprattutto, apparirai autentico e degno di fiducia..

Mi rendo conto che potrebbe apparirti come un argomento difficile da accettare al primo impatto, eppure sappi che seguendo questi consigli, sarai in grado di dare un'impressione positiva di te fin dal primo incontro.

Capisci, dunque, l'importanza della correlazione tra comunicazione non verbale e stile?

Le potenzialità del fatto di poter disporre di uno stile "giusto"?

In questo caso, infatti, con il termine "giusto", voglio intendere uno stile che rifletta con chiarezza ed efficacia ciò che intendi comunicare e che, per questo motivo, rappresenterà un supporto fondamentale, non solo nell'ambito della creazione di una maggiore sicurezza in te stesso, ma anche in occasione di eventi particolari, come potrebbe essere un colloquio di lavoro, o un ricevimento formale, o ancora, per rimanere in una sfera più personale, nell'eventualità di un primo appuntamento, eventi che, se affrontati in preda all'"inconsapevolezza" di questo "alleato" estremamente significativo che è il nostro stile, potrebbero essere fonte di tensione o di incertezza.

Al contrario, una condizione di consapevolezza del tuo stile personale e delle sue facoltà latenti, potrebbe permetterti di raggiungere con più facilità i tuoi obiettivi.

Forse ti sembrerà troppo bello per essere vero, eppure, quanto ti ho appena detto, assume validità e valore, se terrai ben presente che l'immagine di sé rappresenta la manifestazione esteriore della TUA percezione di identità.

Proprio per questo motivo, essa comprenderà, non solo l'abbigliamento e gli accessori, ma l'interezza del tuo stile nel suo complesso, compresi il linguaggio del corpo e la tua peculiare maniera di esprimerti.

L'immagine di sé è, in pratica, ciò che le altre persone "vedono" di te al primo impatto e che consente loro di costruirsi una "impressione" iniziale a tuo riguardo.

Impressione iniziale che, come ti ho già spiegato, cercheranno di fare in modo di confermare, nel momento in cui verranno loro, da te, fornite nuove informazioni e che determinerà la loro opinione in relazione alla tua personalità, alle tue competenze e ai tuoi valori.

È questo il motivo per cui ti dico che il fatto di imparare a conoscerti, di considerare la tua immagine esteriore come riflesso della tua sensibilità interiore, di prenderti cura dell'immagine di te che presenti al mondo, ti può consentire, di riuscire a comunicare nel modo più rapido ed efficace possibile, ciò che sei e ciò che intendi rappresentare.

Sii, però, cosciente che, l'immagine di sé, per risultare realmente efficace, deve necessariamente riflettere le tue caratteristiche "autentiche".

Devi, infatti, sapere, che l'autenticità è una caratteristica che viene immediatamente percepita dagli altri e che, oltre a rappresentare una potente forza di attrazione, favorisce l'insorgenza della fiducia altrui e dà vita ad un primo legame emotivo con coloro che ti circondano.

Giunti a tale punto, sarà, ormai, anche per te, evidente che io mi trovi nella necessità di integrare e di spiegare più dettagliatamente la mia definizione precedente dell'immagine di sé.

Non ti ripeterò mai abbastanza che, l'immagine di sé, non è semplicemente e semplicisticamente, l'aspetto esteriore che tutti noi presentiamo al mondo, ma una vera ed effettiva esternazione della nostra interiorità, della nostra personalità, delle nostre aspirazioni e dei nostri valori.

Il prenderti cura della tua immagine personale con attenzione e in maniera mirata (e questo include anche il volersi più bene, adottando comportamenti come mangiare sano e fare attività fisica) potrebbe, dunque, aprirti la strada a percorsi totalmente inaspettati, per quanto riguarda la tua vita privata e il tuo successo in ambito lavorativo.

Prendendo in considerazione tutto quanto ho affermato fino ad ora, mi risulta significativo rimarcarti il fatto che ciò che indossi, non produce effetti solo su coloro dai quali sei circondato, bensì può anche influenzare fortemente la tua disposizione interiore.

È risaputo che, quando ci svegliamo la mattina, scegliamo gli abiti da indossare anche in base al tempo e questo influisce sul nostro umore... Succede spesso anche a me.

Con ciò, voglio dire che, l'abbigliamento, in sostanza, può addirittura essere in grado di influire direttamente sul modo in cui ti senti e, di conseguenza, sui tuoi comportamenti e atteggiamenti in pubblico.

Sappi, dunque, che, lo studio dell'abbigliamento, può, ad esempio, apportare miglioramenti al tuo stato psicologico e, addirittura, in determinate occasioni, migliorare le tue performance.

Perciò, dal momento che, generalmente, tendiamo ad indossare determinati abiti e accessori, più o meno gradevoli, a seconda della percezione che abbiamo di noi stessi e del tono del nostro umore, risulterà necessariamente consequenziale la teoria inversa, ovvero, che si possano utilizzare abiti, colori e accessori per andare ad intervenire miratamente sul nostro stile e che possiamo servircene per influenzare positivamente il nostro tono dell'umore e i nostri stati d'animo, in maniera tale da apportare un miglioramento generale alla qualità della nostra vita.

Desidero approfondire, insieme a te, quest'ultimo argomento, che mi sta particolarmente a cuore, poiché riguarda un argomento essenziale per noi esseri umani, ovvero, la sensazione di essere felici!

Immagina di poter influenzare il tono del tuo umore mescolando e sperimentando combinazioni differenti di tre principali fattori: il colore, i materiali (la texture) e il valore simbolico che tu attribuisci ai capi d'abbigliamento!

Non sei d'accordo con me, se ti dico che potrebbe, senza alcun dubbio, essere una skill eccezionale, per quanto riguarda la qualità della tua vita?

Ora, potrai facilmente comprendere come i colori siano strettamente correlati alla sfera emozionale.

Esprimendo questo concetto in parole semplici, potrei dirti che, i colori che indossi, detengono la facoltà di renderti più allegro, più estroverso, più ansioso o più rilassato, influenzando il tuo stato d'animo a seconda del significato peculiare che tu stesso attribuisci ad una determinata tonalità (e non sto parlando di armocromia... Quella, la vedremo più avanti).

Così come i colori, allo stesso tempo, anche i tessuti rivestono un'importanza notevole: i tuoi pensieri, i tuoi stati d'animo e, dunque, il tuo, conseguente, comportamento, possono cambiare radicalmente a seconda della consistenza dei tuoi capi.

A questo proposito, ti invito a chiudere gli occhi per un istante e a concentrarti sul modo in cui cambia la tua percezione immaginando, ad esempio, di avere indosso un qualcosa di morbido e di comodo piuttosto che un qualcosa di rigido e di pesante.

Allo stesso modo, prova ad immaginare la sensazione di piacere che ti procura un capo di seta pregiata che si scalda al contatto della pelle nuda: anche la "qualità" dei vari tessuti può influire sulla percezione del tuo tono d'umore.

Riguardo, infine, al "valore simbolico" che le persone tendono ad attribuire ai vari capi d'abbigliamento, ritengo che, questo concetto, meriti, da parte mia, qualche parola di spiegazione in più.

E' importante che tu tenga a mente che, il semplice atto di indossare capi specifici, può rendere possibile andare ad influenzare la percezione che tu sperimenti, di te stesso e degli altri.

In parole povere, si tenderebbe ad associare determinati indumenti a determinate qualità e caratteristiche, qualità e caratteristiche che, ciascuno di noi, attribuisce a coloro da cui, generalmente, tali capi d'abbigliamento, vengono indossati.

Ricordo un noto esperimento sociologico, in cui le performances di un campione di individui, nello svolgimento di un compito a base scientifica, miglioravano o peggioravano, a seconda che i soggetti, indossassero o meno un camice bianco.

Ecco, forse, come primo impatto potrebbe apparirti un'ipotesi semplicistica, ma pensaci bene: sicuramente sarà capitato anche a te di sentirti più o meno performante, in proporzione alla dose di sicurezza che ti comunicava la consapevolezza di avere indosso l'abito che hai sempre immaginato di dover indossare in quella determinata situazione!

Resta, per me, comunque, ovvio il fatto che, ogni persona, possieda una propria unicità, di conseguenza, ogni colore, ogni tessuto, ogni capo d'abbigliamento, influenzerà ciascuno di noi in maniera differente.

Questo, a seconda delle credenze e delle convinzioni interiorizzate di cui, ognuno di noi, dispone.

Ed ecco perché, secondo la mia esperienza, è essenziale un processo di accurata analisi e di conoscenza di sé, nel momento in cui decidi di approcciarti allo studio dello stile nell'intento di migliorare il tono del tuo umore, la tua autostima e, in tal modo, come ho già affermato poc'anzi, la qualità, in generale, della tua vita.

Al di là di ciò, però, è, per me, altrettanto importante il fatto di tenere a mente che tutto ciò che tu porti indosso, può rappresentare uno strumento assolutamente da non trascurare, in quanto capace di incidere, negativamente o positivamente, sul tuo modo di comportarti e su ciò che verrà comunicato a coloro che ti circondano.

Ancora una volta, dunque, trovo necessario porre l'accento sul fatto che lo stile è dotato della potenzialità di influenzare concretamente la propria vita, personale e professionale.

Dal momento che sto trattando di tali argomenti, può essere rilevante nonché, per te, stimolante e d'ispirazione, fornirti una spiegazione del concetto di "Dopamine Dressing", concetto che ha preso particolarmente piede nel corso dell'anno 2022.

Apro una parentesi, intanto, per dirti che, molto probabilmente, avrai già sentito nominare la "dopamina", un ormone endogeno, ovvero prodotto dal nostro organismo, che, se un tempo era conosciuto soltanto in ambienti puramente medico/scientifici, nel corso degli anni è salito alla ribalta per la sua correlazione con il tono dell'umore e, per questo motivo, oggi risulta noto anche in ambiti più profani, con la particolarmente intrigante definizione di "ormone del benessere".

Per essere più chiara vorrei spiegarti che, la dopamina, comportandosi come un neurotrasmettitore, agisce, in particolar modo sui meccanismi fisiologici di controllo legati alla percezione del "piacere" e della "ricompensa".

Nell'ambito dello studio dello stile e dell'immagine, ti voglio raccontare che, Il concetto di "Dopamine Dressing" è stato introdotto da Dawnn Karen, fashion psychologist e Docente di psicologia del colore presso il 'Fashion Institute of Technology' di New York.

Dawnn Karen, da anni, si occupa di abiti e di colori che influiscono sull'umore, nel suo libro: "Dress Your Best Life", afferma che esistano stili e gradazioni di colore in grado di far sì che l'organismo aumenti il rilascio di dopamina in modo assolutamente naturale.

Ci sono stati diversi studi che confermano questo argomento,e che confermano l'affermazione di Dawnn Karen. Ma l'aspetto, forse, più eclatante che ne è emerso è la constatazione che le persone che scelgono di indossare tonalità vivaci, tagli originali, e modelli personalizzati, sarebbero maggiormente propense all'ottimismo e ad un modo di vedere la vita improntato alla positività.

In parole povere, ciò che intendo dirti è che, potenzialmente, hai la possibilità di vestirti per "sentirti felice", mediante un uso consapevole di abiti, tessuti, colori e accessori che sarebbero idonei ad agire sul tono del tuo umore personale, andando a migliorare la percezione che hai di te stesso e, nello stesso tempo, comunicando all'esterno, sensazioni di benessere.

Esplorando il concetto di "Dopamine Dressing"

L'abito che indossiamo può influenzare il nostro stato d'animo e la nostra salute mentale.

Questo è ciò che si intende per "Dopamine Dressing", un concetto che combina la scienza della dopamina con la moda.

Come abbiamo detto, la dopamina è una sostanza chimica prodotta dal cervello che contribuisce al benessere generale.

Indossare abiti colorati e vivaci può aumentare i livelli di dopamina, migliorando il nostro umore e stimolando la sensazione di felicità.

Il "Dopamine Dressing" si basa sulla teoria che i colori influenzino le nostre emozioni e creino un impatto positivo sul nostro stato d'animo.

Indossare abiti colorati può aiutarci a sentirci più energici, fiduciosi e felici, contribuendo al nostro benessere complessivo.

È proprio questo il presupposto alla base del "Dopamine Dressing", che, come ti ho spiegato, considera lo stile personale come un fattore capace di dare vita ad una connessione tra il tuo abbigliamento e le tue emozioni e, attraverso tale connessione, andare a stimolare il rilascio naturale di dopamina.

Giunti a questo punto, però, vorrei riprendere un argomento che ho già accennato in precedenza, all'interno di questo primo capitolo, ovvero, l'affermazione, da me fatta, secondo la quale l'abbigliamento e lo studio dell'immagine, possono influire potentemente anche in ambito lavorativo.

Non posso non citare, il libro "Dress for Success", scritto da John T. Molloy, nel 1975.

Nel suo scritto, Molloy, sostiene la grande importanza di indossare un outfit formale, quando ci si trova in un contesto lavorativo.

Questo, non soltanto per una questione di coerenza con l'ambiente in cui ci si sofferma o per la necessità di mantenere un certo rispetto nei confronti di colleghi, superiori o sottoposti, ma anche e soprattutto, per la percezione di sé in generale: quanto più l'abbigliamento rispecchierà il proprio essere "professionali", tanto più sarà facilitata la strada per raggiungere il successo.

Naturalmente, non dimenticarti che "Dress for Success" è pur sempre un testo che ha visto la luce nella metà degli Anni Settanta del secolo scorso, è dunque lecito domandarsi se le tesi espresse da Molloy possano ancora trovare fondamento nella società attuale.

Effettivamente, il fatto di vestirsi in maniera professionale aumenterebbe, a priori, la capacità di concentrazione e la percezione di sicurezza in sé stessi, rendendo, in tal modo, le persone, più performanti, in ambito lavorativo.

Ricordi il discorso che ti ho fatto poco fa, riguardante il miglioramento delle performances, in relazione al capo indossato in quel momento? Ebbene, è esattamente ciò che accadrebbe in ambito lavorativo: nel momento in cui indossi uno specifico capo d'abbigliamento sei, tendenzialmente, portato ad adottare e a fare tue tutte le caratteristiche e le qualità che, generalmente, la maggior parte dell'umanità, tende ad associare a tale capo.

Di conseguenza, tenderai, in maniera non necessariamente volontaria, a comportarti in modo quanto più coerente possibile con il significato simbolico che tu stesso attribuisci al capo d'abbigliamento in questione.

Ciò nonostante, voglio rimarcare la mia idea che, anche quest'ultimo, non sia affatto un assunto assoluto.

Concordo con le affermazioni della dottoressa Jennifer Baumgartner, psicologa, nonché autrice del libro "You Are What You Wear: What Your Clothes Reveal About You" ("Sei ciò che indossi: cosa rivelano di te i tuoi vestiti"), e ti dico che, in realtà, pare che non esista uno studio che dimostri, realmente e "scientificamente", che il fatto di scegliere ed esibire un abbigliamento di stampo "professionale" abbia sempre un determinato impatto sul tuo successo e sulla tua produttività.

Questo perché siamo tutti diversi, ma credo fortemente nell'unicità del proprio stile personale, casual, smart casual, elegante e così via… Ma di questo parleremo nei prossimi capitoli.

Per tornare alla nostra dissertazione, voglio portare la tua attenzione sul fatto che, in verità, molte, tra le persone considerate "di successo", oggi come oggi, si affidano ad un abbigliamento di stile casual, anche in ambito lavorativo. Anzi, voglio scendere ancor più nello specifico e introdurti al concetto di "capsule clothing".

Tali persone, infatti, fanno uso di un particolare modello di stile che viene definito "capsule clothing".

Il concetto di Capsule Clothing sta diventando sempre più popolare nel mondo della moda, ma cosa significa esattamente?

Il "capsule clothing" è una modalità di abbigliamento che si serve di una quantità di capi decisamente inferiore rispetto ai capi che, normalmente, sarebbero presenti in un guardaroba di stampo tradizionale.

Il concetto di Capsule Clothing si riferisce ad un metodo di organizzazione del guardaroba che si basa su un numero limitato di capi versatili e di alta qualità.

L'obiettivo principale è creare una collezione di abiti essenziali che si adattino al proprio stile personale e possano essere facilmente combinati tra loro.

Chi mi conosce e mi segue, mi sente spesso parlare di questo concetto a me particolarmente caro e che considero fondamentale.

Comunemente, il "capsule clothing", come ti dicevo, è caratterizzato da una serie di capi d'abbigliamento "di punta", orientati e modulati, strategicamente, a seconda dell'obiettivo che si intende perseguire e del messaggio che si desidera comunicare al resto del mondo.

In conseguenza di ciò, sempre più spesso, in ambito lavorativo, assistiamo all'abbandono di outfit impostati e strutturati, sostituiti dall'utilizzo consapevole di un abbigliamento dalle caratteristiche più informali.

Vorrei spiegarti meglio la nozione di "capsule clothing", raccontandoti un aneddoto che ha un pò il sapore del gossip, ma che può essere particolarmente significativo per renderti più chiaro il tema che stiamo trattando.

Nel corso di una celebre intervista concessa al magazine Vanity Fair, l'ex Presidente americano Obama, illustra la sua personale spiegazione del perché si fosse deciso ad adottare il sistema di "capsule clothing".

Obama afferma di aver optato per una simile scelta di stile, in quanto già quotidianamente oberato dalla necessità di dover prendere decisioni pressanti e capaci di causare notevoli livelli di stress. Ha deciso, perciò, di allentare le tensioni, concedendosi, se non altro, di abbandonare l'onere di dover decidere anche cosa indossare ogni giorno e nelle diverse occasioni, ufficiali e non.

D'altra parte, non c'è bisogno di attraversare l'oceano per trovare simili esempi.

Sono, anzi, abbastanza certa del fatto che, contemporaneamente alla lettura delle mie parole, ti sarà venuto in mente un certo numero di personalità "nostrane", politiche o appartenenti al mondo dello spettacolo, che fanno abitualmente uso dell'abbigliamento "a capsule" (a tale proposito, considera che, nel 2023, feci un'intervista su WONDERNET Magazine la quale riguardava la scelta del Power Dressing politico del Presidente del Consiglio Giorgia Meloni e della Segretaria del PD Elly Schlein e che non mancò di suscitare non poche polemiche… Ma questa è un'altra storia).

Per altri personaggi, più o meno noti, invece, la scelta del "capsule clothing" diventa una sorta di "marchio distintivo" che permette, così, al grande pubblico, di identificarli già attraverso la semplice visione dell'abbigliamento (un "simbolo" che vale per tutti: il dolcevita nero di Steve Jobs).

Ti sarai, però, certamente reso conto anche tu del dato di fatto che, il mondo del lavoro, sia cambiato considerevolmente e che continui ad evolversi sempre più rapidamente.

Il lavoro in modalità "smart" ed il lavoro autonomo stanno prendendo sempre di più il sopravvento sugli schemi lavorativi di stampo tradizionale.

A tale proposito, a mio parere, l'abbigliamento di stile casual/informale si adatta particolarmente bene alla nuova generazione di imprenditori, in quanto consente loro di sentirsi comodi e a proprio agio, permettendo più facilmente la concentrazione, l'espressione della creatività e l'aumento della produttività.

Ebbene, ora che sei giunto, insieme a me, a tale punto e pur rimanendo vero tutto quanto io abbia affermato fino a questo momento, ritengo opportuno ed esaustivo ai fini di quest'ultimo argomento, citare una situazione che si è verificata in occasione del periodo di pandemia.

Nel corso del periodo di pandemia, quando buona parte di coloro che lavoravano in ufficio si è vista costretta a svolgere i propri compiti in regime di "smart working", ha visto la luce quello che è stato definito lo "stile conformal".

Considera che, lo "stile conformal", è una delle ultime tendenze di stile, in ambito lavorativo ed è caratterizzato dalla tendenza ad unire la percezione di sicurezza in sé stessi (in lingua inglese "confident"), all'abbigliamento formale.

L'influenza della costrizione dello smart working sullo stile conformal è stata significativa.

Lo smart working, imposto dalla pandemia, ha portato molte persone a lavorare da casa, creando la necessità di adattare gli spazi domestici in ambienti di lavoro funzionali ed esteticamente gradevoli.

Questo ha influenzato lo stile conformal, che si è sviluppato per rispondere alle esigenze di un ambiente di lavoro casalingo.

Gli elementi dello stile personale conformal, come la scelta del colore adeguato per apparire in modo impeccabile in video, dell'intensità del trucco, dell'utilizzo delle stampe fantasia all'interno del proprio outfit, in quel periodo hanno fatto da padroni.

Ma anche l'organizzazione degli spazi, l'arredamento ergonomico e l'attenzione all'estetica, sono diventati fondamentali per creare un ambiente di lavoro confortevole e produttivo.

Lo stile conformal è, quindi, emerso come una soluzione pratica e adatta alle nuove esigenze imposte dallo smart working, che alcune aziende, tuttora, hanno voluto mantenere.

È nato nel momento in cui si è constatato che, buona parte dei lavoratori, sebbene in modalità "smart working", era incline ad adottare un abbigliamento consono ad un contesto professionale.

Probabilmente ti sembrerà strano, eppure, ti dico che quella di un outfit, comunque professionale, è stata ed è, al di là delle condizioni lavorative, la preferenza di coloro che miravano particolarmente ad apparire "esperti", davanti agli occhi di clienti e di collaboratori, anche in caso di comunicazioni tramite video chiamata o video conferenza.

A questo punto, vorrei che tu facessi, per me, un semplice esercizio: se ti è capitato di svolgere, in passato, o se svolgi tutt'ora la tua professione da remoto, vorrei che ti soffermassi a ricordare la tipologia di abbigliamento che hai adottato o che adotti durante le tue sessioni lavorative e a prenderne mentalmente nota: potrebbe esserti utile per trarre interessanti conclusioni riguardanti certe tue personali percezioni e stati d'animo.

In conclusione, voglio chiudere il cerchio facendo ritorno all'argomento con il quale ho esordito all'inizio di questo primo capitolo, ovvero, la correlazione tra abbigliamento e studio dell'immagine e la percezione di autostima e di fiducia in sé stessi:

Per me, che osservo questo fenomeno ogni giorno, è più che evidente che, in qualunque ambito dell'esistenza e in qualsiasi contesto, la tendenza delle persone è quella di servirsi del proprio abbigliamento, della presentazione della propria immagine e dello stile in generale, come strumenti atti a raggiungere quelli che sono i loro obiettivi principali.

Tali obiettivi, sono rappresentati dal miglioramento della fiducia in sé stessi, dall'innalzamento del livello dell'autostima e dell'auto percezione, per poter giungere, in tal modo, anche ad una efficace e performante comunicazione non verbale e, in definitiva, ad un netto miglioramento della qualità della propria vita.

Se sei giunto alla fine di questo Primo Capitolo in mia compagnia, ti porgo i miei complimenti, dal momento che le tue concezioni riguardanti lo studio dell'immagine, dovrebbero già aver compiuto un primo cambio di prospettiva, predisponendoti, in maniera più consapevole alla lettura del capitolo seguente.

Mi auguro che tu sia pronto, poiché stiamo per guardare in faccia, in tutta serenità, i tuoi punti di forza e, allo stesso tempo, quelli che tu consideri difetti!

Affidati senza alcun timore, e cominciamo.

Capitolo 2

Valorizzare i punti di forza e minimizzare i difetti

Ogni cosa ha inizio con una scintilla di consapevolezza!

Un momento speciale in cui ci si guarda allo specchio e si vede oltre la superficie.

In quel riflesso, emerge una verità, spesso, nascosta: ogni persona è un'opera d'arte unica, degna di essere ammirata e valorizzata. Ma, prima di tutto, è essenziale intraprendere un viaggio profondo dentro di sé, per scoprire ed abbracciare la propria autentica essenza.

Il viaggio verso una migliore comprensione di sé può essere sfidante e, a volte, difficile, ma è sempre incredibilmente gratificante.

Prendiamoci del tempo per esplorare insieme questi passaggi, con delicatezza e mente aperta.

Spero davvero che queste riflessioni ti offrano nuovi spunti per vedere te stesso in una luce più autentica e positiva.

Aumentare la consapevolezza di sé e della propria immagine richiede tempo e dedizione, ma te lo assicuro: ne vale assolutamente la pena!

Ti sentirai più sicuro di te stesso e la tua immagine rispecchierà davvero chi sei e i tuoi valori più profondi. Anche se questo percorso richiede impegno, il risultato è una maggiore sicurezza e un'immagine personale che rappresenta veramente la tua identità e i tuoi valori.

Nel capitolo precedente hai già avuto modo di vedere quanto il mio lavoro e gli argomenti trattati in questo libro siano profondamente legati a tematiche psicologiche. Vorrei quindi introdurre i prossimi ragionamenti raccontandoti di una ricerca condotta da Carl Rogers, uno psicologo statunitense noto per aver fondato la "psicoterapia centrata sulla persona".

Perché è così importante per noi? Perché la sua ricerca esplora l'impatto diretto della consapevolezza di sé sull'autostima e sulle relazioni interpersonali.

Questo è fondamentale per capire come migliorare la nostra immagine e il nostro benessere.

Rogers ha scoperto che imparare a conoscersi e ad accettarsi senza giudicarsi, conduce ad una maggiore autostima e permette di instaurare relazioni migliori.

La sua terapia centrata sulla persona, ci mostra quanto sia fondamentale essere autentici e "accogliersi" per ciò che si è.

In poche parole, la consapevolezza e l'accettazione di sé sono la chiave per sentirsi bene con se stessi e costruire relazioni positive e significative.

Ma, come potrai immaginare, sono moltissimi gli autori che hanno compiuto studi su questo argomento così fondamentale… Non ti preoccupare, non intendo elencarteli tutti!

Tuttavia, vorrei citarne solo qualcuno, ancora, perché credo che possa aiutarti a comprendere più a fondo ciò che desidero trasmetterti.

Ti voglio, perciò, illustrare la Teoria della consapevolezza di sé (Self-Awareness Theory) di Shelley Duval e di Robert Wicklund, datata anno 1972, ma ancora fortemente attuale.

La teoria distingue tra due stati di consapevolezza: la consapevolezza di sé soggettiva e la consapevolezza di sé oggettiva.

La consapevolezza di sé soggettiva si riferisce al modo in cui gli individui si percepiscono dal proprio punto di vista, mentre la consapevolezza di sé oggettiva si riferisce alla percezione di sé come oggetto di osservazione da parte degli altri.

In parole più semplici, a volte, ci guardiamo dal di fuori, come se ci stessimo osservando allo specchio, mentre, altre volte, lo facciamo come se fossimo osservati da persone esterne.

Immagina, quindi, di guardarti allo specchio e di "vedere" non solo il tuo aspetto fisico, ma anche chi sei come persona.

La Teoria della consapevolezza di sé, di Duval e Wicklund parla proprio di questo: del momento in cui diventiamo consapevoli di noi stessi e ci rendiamo conto di come siamo davvero.

Quando ci osserviamo in questo "specchio mentale", possiamo iniziare a confrontare il nostro comportamento con quello che riteniamo giusto o con le aspettative che gli altri hanno su di noi. Se notiamo che c'è una differenza tra come siamo e come vorremmo essere, potremmo sentirci a disagio o, addirittura, in colpa.

Questa consapevolezza può spingerci a cambiare. Magari, potremmo decidere di impegnarci di più per migliorare, o per fare scelte migliori. In sostanza, nel momento in cui, raggiungiamo questo stato di consapevolezza, sentiremo l'impulso di cercare di diventare la versione migliore di noi stessi!

Quindi, in poche parole, questa teoria afferma che, quando ci rendiamo conto di chi siamo veramente, possiamo sentirci motivati a migliorare.

Come possiamo raggiungere una maggiore consapevolezza di sé

Sappi che esistono vari metodi per raggiungere uno stato di consapevolezza di sé.

Permettimi di illustrartene alcuni:

1. Autovalutazione e riflessione personale

- Potresti, ad esempio, prendere l'abitudine di tenere un Diario Personale: scrivere un diario dove annoterai i tuoi pensieri, le tue emozioni e le tue percezioni riguardo te stesso e la tua immagine. Questo esercizio ti aiuterà a identificare i tuoi schemi ricorrenti e le tue aree di miglioramento.
- un altro strumento efficace è quello rappresentato dal Feedback Esterno: potresti chiedere a persone di fiducia di darti un feedback sincero riguardo alla tua immagine e al tuo modo di presentarti. Naturalmente, non ti sto dicendo di lasciarti condizionare irreparabilmente dalle opinioni altrui, ma, semplicemente, di prendere in considerazione le opinioni di persone fidate, per avere una visione più oggettiva di te stesso.

2. Conoscenza delle proprie caratteristiche fisiche

- Un'attenta analisi del tuo corpo, può rivelarsi preziosa: se impari a conoscere bene la forma del tuo corpo e le tue caratteristiche fisiche, sarà più facile apprendere quali stili, colori e tagli di abbigliamento valorizzino meglio le tue peculiarità.
- Correlato all'analisi del tuo corpo, è lo studio del colore, attraverso il quale, arriverai a scoprire quali colori ti donano di più: in pratica, si tratta di un processo che identifica i colori che meglio si adattano ai tuoi toni di pelle, di occhi e di capelli.

3. Definire il proprio stile personale

- Prova ad "esplorare": sperimenta, ad esempio diversi stili di abbigliamento, per capire cosa ti fa sentire più a tuo agio e rappresenta meglio la tua personalità.
- Crea una Moodboard: una Moodboard è una "Visual Board" con immagini di abiti, accessori e look che ti piacciono. Questo esercizio, ti aiuterà ad identificare temi e preferenze stilistiche che ti rappresentano.

4. Consulenza professionale

- Considera seriamente l'opzione di lavorare con un consulente d'immagine professionista.

Per mia esperienza, posso dirti che, in quanto Professionista della consulenza d'immagine, posso fornirti un'analisi dettagliata e personalizzata della tua immagine e aiutarti a sviluppare un piano d'azione per migliorare la tua presenza.

5. Comunicazione e linguaggio del corpo

- Impara ad essere consapevole del tuo "linguaggio non verbale", di come ti muovi, della tua postura e delle tue espressioni facciali. Questi aspetti, infatti, influenzano fortemente la percezione che gli altri hanno di te.
- Un altro strumento estremamente utile, consiste nel praticare esercizi di consapevolezza del corpo e tecniche di respirazione per migliorare la tua presenza e la tua comunicazione non verbale.

6. Aggiornamento continuo

- La consapevolezza si mantiene e si amplifica anche rimanendo aggiornato sulle ultime tendenze di moda e stile. Questo ti permetterà di adattare e rinnovare la tua immagine in modo creativo e dinamico.

7. Cura di sé

- Adottare una routine di cura della pelle, dei capelli e del corpo che ti faccia sentire bene e che migliori il tuo aspetto fisico, ti permetterà di sentirti più in contatto con la tua immagine.
- Lavorare, contemporaneamente, sul tuo benessere emotivo e mentale attraverso tecniche di rilassamento, meditazione o terapia, se necessario, può facilitare e velocizzare il tuo percorso verso la consapevolezza di sé

E, proprio in relazione a quest'ultimo punto, voglio introdurti al concetto di "Mindfulness".

Mindfulness

La mindfulness è una pratica che deriva dalle tradizioni meditative buddiste, ma che è stata adattata e utilizzata in contesti laici e clinici in tutto il mondo.

Si tratta, fondamentalmente, di portare un'attenzione intenzionale e assolutamente "non giudicante", al momento presente.

Le pratiche di mindfulness includono:

- **Meditazione di consapevolezza:** Sedersi in silenzio e focalizzare l'attenzione sul respiro, sui suoni, sulle sensazioni corporee o sui pensieri che emergono, osservandoli senza giudizio.
- **Body scan:** Una pratica di meditazione in cui si porta consapevolezza a diverse parti del corpo in sequenza, notando le sensazioni presenti.
- **Mindful eating:** Mangiare con consapevolezza, prestando attenzione ai sapori, alle texture e alle sensazioni di fame e sazietà.

La pratica consapevole della mindfulness non è solo una tecnica: è una vera e propria chiave per trasformare la tua vita quotidiana.

Riduce sensibilmente lo stress e l'ansia, migliora la qualità della tua attenzione e della tua memoria, e ti porta a sperimentare soddisfazione e un profondo senso di benessere.

Comprendere la mindfulness significa anche riconoscere che la consapevolezza di sé – la capacità di riconoscere e comprendere i propri stati emotivi e pensieri – è strettamente legata a questa pratica.

Con la mindfulness, diventi più consapevole dei tuoi pensieri e delle tue emozioni nel momento presente, il che apre la porta a una maggiore comprensione di te stesso.

Raggiungere uno stato di consapevolezza di sé offre benefici incommensurabili: gestire meglio le emozioni, comunicare in modo più efficace, migliorare le relazioni interpersonali e prendere decisioni più consapevoli.

Il mio vero intento nel trattare questo argomento è farti capire quanto sia cruciale associare alla consapevolezza di sé un forte e sano sentimento di auto-accettazione.

Per aiutarti a fare tua questa nozione, voglio parlarti, adesso, dello straordinario e illuminante concetto di "Body Positivity".

Concetto di Body Positivity

Probabilmente, definirlo "concetto", non è del tutto esatto…

Sì, perché, vedi, la "body positivity" si riferisce più ad un vero e proprio "Movimento", sia sociale che culturale, che, come assunto principale, promuove l'accettazione di tutti, ma proprio tutti, i corpi! Indipendentemente dalla loro forma, dimensione, colore, abilità o aspetto estetico.

La body positivity, è nata e si è sviluppata, con l'obiettivo principale di contrastare gli standard di bellezza tradizionali e spesso irrealistici, imposti dalla società, dai media e dall'industria della moda, e incoraggiare le persone a sviluppare una relazione essenzialmente positiva con il proprio corpo!

Il Movimento della body positivity, riguarda persone di tutti i generi, etnie, taglie e abilità.

Infatti, sebbene, spesso, sia associato alle donne, a causa della pressione sociale e mediatica che queste subiscono riguardo al loro aspetto fisico (difatti, le prime teorie, a questo riguardo, le dobbiamo, principalmente, a studiose del Movimento Femminista), la body positivity è inclusiva di tutte le persone che affrontano discriminazioni o insicurezze legate al proprio corpo, nonché di tutte le persone, in generale!

Questo movimento promuove l'accettazione e l'amore per il proprio corpo, indipendentemente dalle norme estetiche imposte dalla società, e incoraggia il rispetto e la celebrazione della diversità fisica in tutte le sue forme.

La Body Positivity e gli Uomini

Sebbene, come ho appena affermato, la body positivity sia spesso associata alle donne, sappi che anche gli uomini si trovano a dover affrontare pressioni significative riguardo al loro aspetto fisico.

Gli standard di bellezza maschili promossi dai media spesso enfatizzano la muscolatura, l'altezza, e la magrezza, creando aspettative irrealistiche e una fonte di stress per molti uomini.

Uomini che, non di rado, sono costretti a sfidare e a mettere in discussione tutti quegli stereotipi di genere che associano la "mascolinità" a determinate caratteristiche fisiche e comportamentali.

A questo proposito, anche gli uomini possono andare incontro ad un vero e proprio "stigma sociale" e a tutta una serie di resistenze, nel momento in cui si arrischiano a parlare di insicurezze legate al corpo, a causa di norme di genere tradizionali.

Anche se è indubbio che ci siano stati notevoli progressi, gli uomini sono, ancora oggi, meno rappresentati, nei discorsi e nelle campagne di body positivity, rispetto alle donne.

Dopo questa panoramica generale, voglio illustrarti alcuni punti chiave del movimento body positivity per permetterti di familiarizzare il più possibile con questo concetto:

1. Accettazione e Amore per Se Stessi: si tratta, senza dubbio, della base di questa eccezionale teoria! La body positivity incoraggia le persone ad imparare ad amare e ad accettare il proprio corpo così com'è, riconoscendo la bellezza unica di ciascun individuo.

2. Diversità e Inclusione: Il Movimento promuove la rappresentazione di una vasta gamma di corpi, nei media, nella moda e nella pubblicità, per riflettere meglio la diversità reale della popolazione.

3. Contrasto alla Discriminazione: La body positivity si batte contro le discriminazioni basate sull'aspetto fisico, come, ad esempio, il "fat shaming" (la derisione delle persone in sovrappeso), il body shaming in generale, il colorismo, e altre forme di pregiudizio estetico.

4. Salute Mentale: Il movimento riconosce l'importanza della salute mentale e sostiene che una relazione positiva con il proprio corpo può contribuire significativamente al benessere psicologico.

5. Empowerment: La body positivity mira a dare potere alle persone, aiutandole a sentirsi sicure e orgogliose del proprio aspetto fisico e a rifiutare i canoni di bellezza tradizionali e restrittivi.

6. Educazione e Consapevolezza: Il Movimento incoraggia l'educazione e la consapevolezza sui temi legati all'immagine corporea, alla diversità e all'inclusione, per sfidare e cambiare le percezioni sociali dominanti.

Sappi che, la body positivity, non è un concetto di fresca data (Ricordi? Ti ho già spiegato che è strettamente correlato alla cultura femminista).

Infatti, affonda le sue radici nei movimenti per i diritti civili degli anni '60 e '70 del Novecento.

Ciò nonostante, recentemente, ha guadagnato una nuova, significativa attenzione pubblica grazie ai social media, dove, negli ultimi anni, molti individui e attivisti, condividono le loro esperienze personali e promuovono messaggi di accettazione e autostima.

E, ad ogni modo, fin dai suoi esordi, il movimento della body positivity non ha avuto una singola origine teorica o una serie di studiosi accademici ben definiti, ma è stato influenzato da una varietà di attivisti, autori e liberi pensatori che hanno contribuito a plasmare e a diffondere le sue idee.

Nonostante questo, almeno un paio, dei principali contributori ed influenzatori, voglio citarteli, perché li ritengo estremamente interessanti e significativi.

Cominciamo, rendendo omaggio a Susie Orbach, una psicoterapeuta e autrice britannica, nota per il suo lavoro pionieristico nel campo dell'immagine corporea e dei disturbi alimentari.

È particolarmente famosa per il suo libro del 1978, "Fat is a Feminist Issue" (Il grasso è una questione femminista), in cui esplora la relazione tra femminismo, dieta e disturbi alimentari.

La Dottoressa Orbach ha contribuito in modo considerevole al movimento della body positivity.

Le sue idee, a tale proposito, includono:

1. Critica degli standard di bellezza: Susie Orbach critica gli standard di bellezza irrealistici e insalubri imposti dalla società, sostenendo che contribuiscono ai problemi di immagine corporea e ai disturbi alimentari.

2. Accettazione del corpo: Promuove l'accettazione del proprio corpo come primo passo verso il benessere psicologico. Sottolinea che accettare il proprio corpo significa riconoscere e rispettare la propria unicità e dignità.

3. Autocompassione: Susie Orbach sostiene questo concetto di grande delicatezza e sensibilità, incoraggiando le persone ad essere gentili con se stesse e a sviluppare una relazione più amorevole e compassionevole con il proprio corpo.

4. Rifiuto delle diete: La Dottoressa Orbach si pone in maniera critica nei confronti delle diete commerciali e delle pratiche di perdita di peso che spesso portano a un ciclo di diete yo-yo e a una percezione negativa del proprio corpo.

5. Femminismo e corpo: Collega l'immagine corporea al femminismo, sostenendo che i problemi legati al corpo sono anche problemi politici e sociali. Secondo la Dottoressa Orbach, il fatto di liberarsi dagli standard di bellezza rappresenta un vero e proprio atto di empowerment femminile.

Attraverso il suo lavoro, Susie Orbach ha influenzato molti colleghi, nel campo della psicoterapia e ha contribuito a far crescere il movimento della body positivity, aiutando le persone a costruire un rapporto più sano e positivo con il proprio corpo.

Un'altra figura emblematica, in relazione al nostro argomento, è Naomi Wolf.

Naomi Wolf è una scrittrice, giornalista e attivista americana conosciuta, soprattutto, per il suo libro "Il mito della bellezza" (titolo originale: "The Beauty Myth"), pubblicato nel 1990.

In questo libro, Naomi Wolf critica duramente le norme sociali e culturali che definiscono la bellezza femminile ed esplora come queste norme siano utilizzate per opprimere e controllare le donne.

I punti principali trattati nel libro includono:

1. Standard di bellezza irrealistici: Naomi Wolf, sostiene che i canoni di bellezza imposti dai media e dalla società sono irraggiungibili per la maggior parte delle donne e creano in loro una pressione enorme causata dallo sforzo di conformarsi a questi ideali.

2. Impatto sulla salute mentale e fisica: La pressione provocata dall'affanno costante per essere "belle", può portare a gravi problemi di salute mentale e fisica, come disturbi alimentari, depressione e ansia.

3. Ruolo del patriarcato: Naomi Wolf sostiene che il mito della bellezza è un modo per mantenere le donne in una posizione subordinata, distraendole da altri obiettivi importanti e limitando il loro potere e la loro libertà.

5. Intersezionalità: Sebbene il libro si concentri principalmente sulle esperienze delle donne bianche, Naomi Wolf riconosce che le donne di colore, le donne disabili e le donne appartenenti ad altre minoranze affrontano sfide aggiuntive riguardo agli standard di bellezza.

"Il mito della bellezza" è, tuttora, considerato un'opera fondamentale del femminismo contemporaneo e ha influenzato profondamente il dibattito sulla bellezza e sul ruolo delle donne nella società.

Voglio farti ancora, rapidamente, alcuni nomi più recenti, come quello di Jes Baker, un'attivista e scrittrice statunitense nota per il suo lavoro nel campo della body positivity e dell'accettazione del corpo.

È anche conosciuta come "The Militant Baker" grazie al suo blog omonimo.

Baker è diventata famosa per le sue campagne di sensibilizzazione contro gli standard di bellezza irrealistici e per promuovere l'accettazione di sé e la diversità corporea.

Oltre al suo blog, ha pubblicato libri e tenuto conferenze su questi temi, contribuendo significativamente al movimento della body positivity e alla lotta contro il body shaming…

O come quello di Virgie Tovar, anche lei autrice e attivista americana che si occupa di body positivity e accettazione del corpo.

Scrive libri e articoli su questi temi e organizza workshop per promuovere l'accettazione del corpo e combattere la discriminazione basata sul peso.

Inoltre, usa la sua piattaforma per sfidare i pregiudizi legati al peso e promuovere la body positivity.

Lo so: i personaggi che ti ho citato, sono tutti di sesso femminile…

Ciò nonostante, Il messaggio della body positivity è importante per tutti, indipendentemente dal genere.

Per gli uomini, abbracciare questo movimento può essere un passo significativo verso una maggiore autostima, un maggior benessere e una visione più inclusiva della bellezza.

Continuare a sfidare gli stereotipi e promuovere la diversità corporea è uno strumento prezioso che può portarci verso una società sempre più accogliente e comprensiva.

A questo proposito, voglio proporti un esempio maschile ECLATANTE: sai chi ha affermato che "La bellezza non è una forma di perfezione"? Addirittura Friedrich Nietzsche, il famoso filosofo tedesco!

Quando Nietzsche afferma che "La bellezza non è una forma di perfezione", intende sfidare l'idea tradizionale che associa la bellezza con la perfezione assoluta.

Invece, Nietzsche suggerisce che la bellezza può emergere dalle imperfezioni, dalle contraddizioni e dalle complessità della vita.

Voglio che tu consideri alcuni punti chiave del suo pensiero che possono chiarire meglio questa affermazione:

1. L'Accettazione delle Imperfezioni: Per Nietzsche, la bellezza non è qualcosa di statico o di perfetto, ma è un'entità dinamica e può includere imperfezioni. La bellezza autentica risiede nella vita reale, con tutte le sue imperfezioni e complessità.

2. Estetica del Divenire: Nietzsche vede la vita come un continuo processo di divenire, di cambiamento e di trasformazione. La bellezza, quindi, è legata a questo flusso e non può essere ridotta a un modello rigido di perfezione.

3. Vitalità e Creatività: La bellezza, secondo Nietzsche, è spesso legata alla vitalità e alla creatività. È l'espressione della forza vitale e della volontà di potenza che supera le difficoltà e le imperfezioni.

4. Rifiuto dei Valori Tradizionali: Nietzsche mette in discussione i valori tradizionali e le norme estetiche che definiscono la bellezza in termini di perfezione simmetrica e armoniosa. Egli promuove un'idea di bellezza più inclusiva e autentica, che riflette la vera natura umana.

Dimmi: non ti sembra, tutto, incredibilmente attuale? Eppure, Nietzsche, ha espresso questi concetti, sul finire dell'Ottocento…

Nietzsche vede la bellezza come un qualcosa di intrinsecamente legato alla vita e all'esperienza umana, con tutte le sue complessità e contraddizioni.

La bellezza non deve essere confinata ad un ideale di "perfezione astratta", ma deve essere riconosciuta e apprezzata nella sua forma più autentica e vitale.

È un concetto che riconosce la bellezza come un qualcosa di più complesso e soggettivo rispetto alla perfezione.

Questo significa che la bellezza può essere trovata nelle imperfezioni, nelle peculiarità e nelle caratteristiche uniche che rendono qualcosa o qualcuno speciale.

La bellezza autentica spesso risiede nella diversità e nell'originalità, piuttosto che in uno standard rigido di perfezione.

Minimizzare i Difetti

Una volta che avrai imparato a sviluppare una efficace Consapevolezza di te, lo step successivo consiste nel non concepire i tuoi difetti come un qualcosa di necessariamente e irrimediabilmente negativo: tutt'altro!

Il processo di minimizzare i difetti, anzi, addirittura di renderli tuoi alleati di stile, avviene attraverso una serie di passaggi che, abitualmente, faccio compiere a coloro che si affidano a me, affiancandoli e aiutandoli ad avanzare, passo dopo passo.

Questi sono gli step che li invito a compiere con il mio supporto:

Riconoscimento e Accettazione

- Li spingo a compiere una sincera Analisi Critica Identificando le aree che desiderano migliorare o minimizzare, come un naso prominente, una linea di capelli irregolare, o una pelle con imperfezioni.

- Faccio sì che sviluppino una Accettazione Positiva, ovvero che accettino il dato di fatto che TUTTI hanno difetti e che questi possono essere gestiti o minimizzati con le giuste tecniche.

Tecniche di Camouflage

- Studiamo Insieme un Abbigliamento Adatto: insegno loro a scegliere abiti che distolgano l'attenzione dalle aree problematiche oppure che, paradossalmente, portino l'attenzione proprio su di esse, valorizzandole
- Tecniche di Make-Up: utilizzo il trucco per correggere le imperfezioni e mettere in risalto i loro punti di forza.

Gestione delle Imperfezioni

- Se hai fatto bene i tuoi compiti per quanto riguarda la consapevolezza di sé, allora saprai che metto le persone in grado di servirsi della propria Postura e del Linguaggio del Corpo: faccio sì che adottino una postura corretta e che utilizzino un linguaggio del corpo sicuro per distogliere l'attenzione dai difetti fisici.
- Insegno ad assumere un Atteggiamento Positivo: Un atteggiamento positivo e sicuro può spesso far dimenticare agli altri i piccoli difetti fisici o farli percepire come tratti distintivi e unici!

Ovviamente, realizzare questi obiettivi è molto più semplice con il supporto di un Professionista Esperto.

Nel mio lavoro mi è capitato di incontrare persone che avevano bisogno di sentirsi meglio con se stesse, di sviluppare maggiore sicurezza e di crescere grazie alla loro personalità unica.

Le ho aiutate guidandole nella scoperta di uno stile personale che valorizzasse la loro individualità, poiché, ognuno di noi, è dotato di uno stile esclusivo che lo rappresenta.

Lo scopo principale è quello di creare armonia all'interno delle persone, facendo sì che evitino di cercare la perfezione a tutti i costi, donando loro benessere ed equilibrio.

Quanto ai cosiddetti difetti, io ho sempre preferito definirli "caratteristiche fisiche".

Ciascuno di noi possiede caratteristiche uniche che ci rendono diversi, e proprio in questa diversità risiede la nostra bellezza.

Durante le consulenze d'immagine, il mio obiettivo è quello di aiutare le persone a scoprire e a valorizzare i propri punti di forza fisici, mentre si lavora insieme su strategie intelligenti per minimizzare i difetti percepiti.

Questo processo le conduce ad un'immagine personale più equilibrata e più sicura, che riflette autenticamente la loro essenza.

Capitolo 3

Ricreare la propria immagine

Immagina di svegliarti ogni mattina e di scegliere, con una sicurezza ritrovata, un abbigliamento che non solo ti piace, ma che rispecchia esattamente chi sei, proprio come se tu fossi un artista che seleziona i colori perfetti per il suo capolavoro!

Quando abbiamo un armadio funzionale tutto in palette vale a dire composto da tutti i capi "caldi" o tutti i capi "freddi", sei decisamente facilitato nel creare combinazioni efficaci tra di loro.

Puoi permetterti di abbinare con serenità ogni colore che hai nell'armadio senza il timore di commettere scivoloni di stile, come ad esempio la combinazione di una maglia rossa con dei pantaloni blu o di una t-shirt verde con una gonna gialla!

Quando disponi di un armadio in palette, possiedi anche la sicurezza di non sbagliare, perché tutti i colori dei tuoi capi hanno la stessa intensità e appartengono alla tua palette personale (come vedi, l'armocromia trova la sua utilità anche nel facilitarti la scelta degli abiti da indossare al mattino per affrontare la tua giornata lavorativa).

Ogni capo di abbigliamento diventa una pennellata sulla tela della tua vita, ogni dettaglio un riflesso della tua essenza più autentica.

Mentre ti guardi allo specchio, vedi riflessa l'immagine di una persona che si conosce profondamente, che ha il coraggio di esprimersi senza paura di giudizi!

Vestirti in modo coerente con la tua personalità non è solo una questione di moda; è un atto di amore verso te stesso, un modo per riconoscere e celebrare ogni sfumatura della tua unicità.

Ogni volta che indossi quel vestito che ti fa sentire vivo, che ti fa brillare gli occhi, stai dicendo al mondo che sei pronto a vivere autenticamente, che sei fiero della persona che sei.

E quella sicurezza, quella autenticità, risplende e si diffonde, toccando le persone intorno a te, ispirandole a fare lo stesso, a trovare il proprio coraggio e la propria voce.

In tal modo, il semplice atto di vestirsi diventa una potente dichiarazione di sé, la dimostrazione di essere esattamente chi siamo.

Ralph Waldo Emerson ha scritto: "Essere te stesso in un mondo che cerca costantemente di cambiarti è il più grande dei successi".

Questa frase racchiude una verità profonda e universale, una sfida che affronti ogni giorno.

Voglio parlarti delle parole di Rachel Zoe, una vera icona nel mondo della moda.

Ha vestito numerose star di Hollywood, è una conduttrice televisiva, un'autrice e una straordinaria businesswoman.

Rachel Zoe afferma: "Lo stile è un modo per dire chi sei senza dover parlare". Sintetico, ma essenziale, non ti pare?

Immagina, dicevo, di svegliarti ogni mattina con la consapevolezza che ogni scelta di abbigliamento è una dichiarazione silenziosa ma potente della tua identità. Ogni capo che scegli riflette la tua essenza, ogni dettaglio racconta una parte della tua storia.

In un mondo che spesso ti spinge verso la conformità, il riuscire a trovare e a mantenere il tuo stile è un atto di ribellione, un'affermazione di forza e di individualità.

È un modo per dire al mondo: "Questo sono io, con tutte le mie sfumature, le mie imperfezioni e la mia bellezza autentica".

Pensaci: quante volte ti sei sentito perso, cercando di adattarti alle aspettative degli altri, dimenticando chi sei veramente?

Eppure, quando trovi il coraggio di vestirti come senti davvero, qualcosa di magico accade.

Avverti una connessione profonda con te stesso, una scintilla di autenticità che illumina non solo il tuo aspetto, ma anche la tua anima.

E, in questo atto di autodefinizione, troverai la più grande delle vittorie: la libertà di essere autenticamente te stesso.

Quando riuscirai a far sì che il tuo abbigliamento rispecchi davvero chi sei, proverai una sensazione di agio e sicurezza che non avevi mai sperimentato prima.

Ogni giorno, indossando capi che parlano della tua identità, sentirai una connessione profonda con te stesso, un senso di armonia che si irradierà in ogni tua interazione quotidiana.

Questo modo di vestirti non sarà solo una scelta estetica, ma un'espressione vibrante e visibile della tua unicità straordinaria.

Le persone intorno a te percepiranno immediatamente questa autenticità.

Le tue connessioni diventeranno più sincere e genuine, perché non nasconderai più chi sei realmente.

La tua presenza emanerà una sicurezza e una fiducia che attrarranno gli altri, creando legami più profondi e significativi.

Ogni sorriso, ogni parola, ogni gesto sarà un riflesso della tua vera essenza, e questo ti permetterà di vivere esperienze di condivisione più intense e appaganti.

La tua autostima ne uscirà rafforzata, come se finalmente avessi dato il giusto spazio e il pieno valore alla persona che sei.

Sentirai crescere dentro di te una forza tranquilla, la serena consapevolezza di essere esattamente dove dovresti essere, CHI dovresti essere.

Questo ti farà sentire, quasi magicamente, autentico e valorizzato, come se ogni pezzo del puzzle della tua vita trovasse finalmente il suo posto.

Immagina di guardarti allo specchio e di vedere riflessa una persona che si ama, che si rispetta e che è orgogliosa del proprio percorso.

Immagina di uscire di casa ogni giorno sentendoti potente e libero, pronto ad affrontare il mondo con il cuore aperto e lo spirito elevato.

Questa trasformazione, che parte dall'interno e si manifesta all'esterno, ti permetterà di vivere una vita piena e soddisfacente, in cui ogni incontro e ogni momento rappresentano un'opportunità per esprimere la tua meravigliosa, irripetibile autenticità.

Giorgio Armani diceva: "*L'eleganza non è farsi notare, ma farsi ricordare*".

Queste parole racchiudono un profondo significato, poiché l'eleganza non si misura solo con l'abbigliamento, ma con l'essenza stessa della persona.

Cosa significa essere eleganti: riflessioni e definizioni

Cosa è l'eleganza? Cosa vuol dire essere eleganti?

Essere eleganti riguarda molto di più del semplice aspetto esteriore.

Sebbene, molto spesso, l'eleganza sia una sorta di dote innata, non è detto che tale dote non si possa apprendere.

Secondo la mia opinione, essere eleganti significa riuscire a trasmettere un senso di grazia, di raffinatezza e di stile attraverso ogni azione ed ogni gesto.

L'eleganza, per me, è la capacità di essere impeccabili nella presentazione personale, ma anche nel modo di comunicare e nel comportamento.

È l'abilità di indossare l'abito adatto in ogni occasione senza mai apparire eccessivi o trascurati.

Essere eleganti richiede un'attenta cura dei dettagli, sia per quanto riguarda l'abbigliamento che per quanto riguarda l'atteggiamento.

È una questione di delicato equilibrio tra classe e discrezione, evitando assolutamente l'ostentazione.

Trovo fondamentale rimarcare che l'eleganza non è affatto legata necessariamente alla moda o alla ricchezza, quanto, piuttosto, alla consapevolezza di sé e alla capacità di esprimere il proprio stile personale con sicurezza e garbo.

Nel volermi addentrare più profondamente in questo argomento così significativo, mi spingerò adesso ad analizzare il concetto dell'eleganza in relazione all'universo femminile e, successivamente, a quello maschile.

L'espressione dell'eleganza femminile

Stile e Classe: il binomio perfetto

Quando parlo di eleganza femminile, non posso fare a meno di menzionare due vocaboli essenziali: "stile" e "classe".

Questo, che io definisco il "binomio perfetto", rappresenta, per me, l'essenza assoluta dell'eleganza.

Lo stile è la capacità di esprimere la nostra personalità attraverso i vestiti e gli accessori che scegliamo, dando vita ad una manifestazione di raffinatezza e di buon gusto.

La classe, invece, va oltre l'aspetto esteriore ed è legata strettamente al comportamento e all'atteggiamento di una donna.

Una donna dotata di classe sa, istintivamente, qual è il modo più appropriato di comportarsi in qualsiasi situazione, è spontaneamente educata, rispettosa e gentile.

La capacità di unire uno stile impeccabile ad un atteggiamento signorile, rappresenta sicuramente la chiave che apre la porta dell'eleganza.

Raffinatezza e Semplicità: la formula segreta dell'eleganza femminile

Una donna dotata di raffinatezza, esprime classe ed eleganza attraverso il suo modo di vestire, di comportarsi e di comunicare.

La raffinatezza non implica necessariamente di indossare abiti costosi o di sfoggiare gioielli di valore, ma piuttosto di possedere un gusto fine e ricercato nella scelta dei capi, prestando una cura particolare ai dettagli e optando per linee pulite e armoniose.

D'altra parte, la semplicità, è l'elemento che rende l'eleganza accessibile a tutte le donne.

La semplicità si manifesta nella capacità di rivelarsi sobrie ed essenziali, evitando l'eccesso e privilegiando la naturalezza.

Un abbigliamento ed un atteggiamento improntati alla semplicità, trasmettono un senso di autenticità e di sicurezza che conferisce un fascino innato all'eleganza femminile.

Al di là di queste linee guida essenziali, però, voglio sottolineare l'idea che l'eleganza, per una donna, è sempre un concetto complesso e soggettivo che va ben oltre l'aspetto esteriore.

È uno stile di vita. Una maniera intrinseca di pensare e di comportarsi.

È la capacità di trasmettere classe e raffinatezza, attraverso un uso armonioso e sapiente di gesti, parole e atteggiamenti.

Tuttavia, resta ancora aperta la questione riguardante come si possa riuscire a coltivare questa eleganza interiore e a far sì che diventi parte integrante della nostra vita quotidiana.

L'eleganza maschile: il significato, il contesto e i segreti per avere stile

Trovo che quello dell'eleganza maschile sia un tema affascinante ed intrigante, in grado di suscitare molta curiosità.

Cosa significa "essere elegante" per un uomo?

Ebbene, credo che l'eleganza maschile sia essenzialmente una questione di gusto personale e di atteggiamento.

Essere elegante, per un uomo, significa vestirsi in modo appropriato per ogni occasione, mostrando un occhio di riguardo per i dettagli.

È importante che, così come la donna, l'uomo scelga abiti che si adattino bene al suo corpo e che riflettano la sua personalità.

L'abbigliamento deve essere pulito, privo di macchie e ben stirato.

Ma, anche in questo caso, il concetto di "eleganza" riguarda più che altro una questione di comportamento e la manifestazione naturale e spontanea del rispetto nei confronti degli altri.

Un uomo elegante è un uomo cortese, gentile, che manifesta un atteggiamento positivo.

È un uomo in grado di gestire ogni situazione con calma e sicurezza.

A mio parere, l'eleganza maschile è una combinazione di stile personale, cura dei dettagli e comportamento impeccabile e appropriato.

Il contesto e l'importanza dell'eleganza per un uomo

Mi capita spesso di spiegare ai miei clienti di sesso maschile che il contesto e l'importanza dell'eleganza per un uomo, sono due elementi strettamente collegati.

Ogni situazione richiede un abbigliamento adeguato ed accurato, che sia in grado di trasmettere un messaggio di professionalità, di sicurezza e di rispetto per se stessi e per gli altri.

Essere eleganti non significa soltanto sfoggiare abiti costosi o di grandi firme, quanto piuttosto avere la capacità di saper scegliere con cura il proprio outfit in base all'occasione e al contesto in cui ci si verrà a trovare.

L'eleganza, per un uomo, rappresenta un'opportunità preziosa per esprimere la propria personalità e il proprio stile, distinguendosi da chiunque altro e comunicando a chi lo circonda un'impressione positiva.

L'attenzione ai dettagli, come una barba ben curata o un orologio di classe, contribuisce a completare il look e a conferire quella particolare aura di raffinatezza che caratterizza un uomo elegante.

Pillole di stile per l'uomo elegante

I segreti per avere stile ed apparire elegante, risiedono sempre nell'attenzione ai dettagli e nella cura del proprio aspetto.

In molti non prestano la dovuta attenzione all'importanza fondamentale del conoscere a fondo il proprio corpo, in modo tale da poter scegliere abiti che valorizzino al meglio le proprie caratteristiche fisiche.

Sappi che un abito su misura può veramente fare la differenza, quando desideri adottare un look raffinato ed elegante.

Anche l'attenzione alla scelta dei tessuti è essenziale: opta sempre per materiali di qualità che donano un ulteriore tocco di classe al tuo outfit.

Al di là dell'abbigliamento, l'atteggiamento svolge un ruolo chiave nell'eleganza maschile: una postura eretta ed una camminata sicura contribuiscono a trasmettere fiducia e charme.

Ricordati di non trascurare mai i dettagli. Neanche i più piccoli.

Lasciami insistere su quanto, la cura dei dettagli, rappresenti l'essenza dell'eleganza maschile.

Quando si tratta di stile, sono i minimi dettagli che fanno la differenza.

Un uomo elegante presta attenzione ai particolari, sia nella scelta dell'abbigliamento che nell'acconciatura e nella cura della propria pelle.

Lo studio dei dettagli implica anche una selezione accurata degli accessori, come ad esempio una cintura ben abbinata alla scarpa.

Un uomo elegante dedica tempo anche alla cura del proprio corpo, mantenendo una buona igiene personale ed una postura corretta.

Lo so: la cura dei dettagli richiede impegno ed attenzione, ma è ciò che conferisce ad un uomo quella raffinatezza e quel fascino che gli permettono di distinguersi come persona dallo stile impeccabile.

Ogni uomo può trovare il proprio modo di essere elegante, assecondando i propri gusti e interpretando le tendenze in modo personale e distintivo.

È, però, fondamentale ricordare che l'eleganza non è una banale questione di moda o di apparenza, ma riguarda, piuttosto, la capacità di saper gestire il proprio atteggiamento e di comunicare una percezione di autenticità.

La differenza di stile tra uomo e donna: esploriamo insieme le sfumature dell'eleganza

La differenza di stile tra uomo e donna è un tema affascinante che ha attraversato secoli di evoluzione e di cambiamenti.

Mentre gli uomini hanno sperimentato diverse tendenze e stili nel corso dei decenni, le donne hanno letteralmente fatto la storia della moda, grazie alle loro scelte audaci e alle loro innovazioni, affrontando sfide di emancipazione e di libera espressione di sé, attraverso il modo di vestire.

L'evoluzione dello stile maschile

Lo stile maschile, nel corso dei decenni, ha visto una serie di cambiamenti significativi.

Durante gli Anni '50 e '60 del Novecento, l'uomo indossava tendenzialmente abiti e accessori formali, come completi e cravatte, riflettendo un'immagine di sobrietà e di serietà.

Nel corso degli Anni '70, con l'insorgenza del movimento hippie, c'è stata un'autentica rivoluzione nello stile maschile, che si è arricchito di abiti più casual e colorati.

Gli Anni '80 e '90 sono stati i decenni della sperimentazione, caratterizzati da abiti più sfacciati e da accessori eccentrici.

Negli ultimi anni, invece, lo stile maschile si è spostato in direzione di uno stile più minimalista ed informale che pone l'accento sulla comodità e sulla personalizzazione.

Questa continua evoluzione dello stile maschile, ti dimostra come, anche gli uomini, tendano ad abbracciare la moda come strumento di espressione personale.

Le tendenze femminili che hanno fatto la Storia

Sono molteplici le tendenze di moda femminile che hanno fatto la Storia e che sono ricche di significato.

Voglio che pensi agli abiti ampi e strutturati del periodo vittoriano, che enfatizzavano la femminilità e la grazia, ma nascondevano anche il loro corpo, e poi, all'improvviso, farti visualizzare le linee semplici e androgine degli Anni '20 del Novecento che hanno sancito l'inizio dell'emancipazione femminile!

Negli Anni '50 le donne sono delle pin-up con corpetti aderenti e gonne a ruota, mentre, negli Anni '60, arrivò la minigonna a rivoluzionare completamente il concetto di femminilità.

Durante gli Anni '80, le donne esibivano spalline esagerate e colori shocking che divennero simboli di potere e di sicurezza per tutte le business women.

Le tendenze della moda femminile hanno sempre manifestato l'evoluzione sociale delle donne ed hanno ridefinito costantemente i canoni estetici femminili nel corso dei decenni.

Sfide e liberazioni: l'espressione di sé attraverso il vestire

Questo di cui ti parlerò ora rappresenta un aspetto cruciale della moda contemporanea.

È, per me, importante che tu ti renda conto del fatto che, nel corso degli anni, le persone hanno combattuto attivamente per rompere gli stereotipi di genere e per potersi permettere di abbracciare una maggiore libertà nell'abbigliamento.

Le donne, in particolare, hanno dovuto affrontare moltissime battaglie per conquistarsi il diritto di indossare ciò che desiderano e che preferiscono senza essere giudicate o limitate dai moralismi e dai rigidi canoni di bellezza imposti loro dalla società.

L'abbigliamento è diventato un potente strumento di espressione personale, attraverso il quale, sia gli uomini che le donne, possono comunicare la propria identità, i propri valori e le proprie sfide quotidiane.

A tutt'oggi l'abbigliamento si è confermato un fertilissimo terreno di emancipazione e un potente mezzo per sfidare le norme sociali preesistenti, spianando la strada a sempre nuove possibilità di espressione individuale.

L'evoluzione dello stile maschile nel corso dei decenni e le tendenze della moda femminile che hanno fatto la Storia, sono testimoni di una società in continua trasformazione.

Le sfide e le liberazioni riguardanti l'espressione di sé, attraverso il vestire, dimostrano quanto il modo in cui scegliamo di vestirci sia un riflesso della nostra identità.

Resta da chiedersi, però, se la differenza di stile tra uomo e donna sia ancora necessaria o se possiamo finalmente permetterci di superare questi confini predefiniti.

In seguito a questo lungo discorso ti starai rendendo conto ancora di più di quanto il tuo abbigliamento sia un potente mezzo per raccontare la tua storia unica, di quanto rappresenti un linguaggio silenzioso che parla di chi sei veramente, senza bisogno di parole.

Ogni scelta, ogni dettaglio, riflette un frammento della tua anima, mettendo in luce ciò che ti rende veramente speciale.

Il modo in cui ti vesti non è solo una questione di moda, ma un'espressione autentica di te stesso, un modo per lasciare un'impronta indelebile nel cuore e nella mente di chi ti incontra.

L'eleganza, quindi, diventa una forma d'arte, un'arte che vive e respira attraverso di te, narrando una storia che non si dimentica.

Giunti a questo punto del discorso, per me è particolarmente importante che tu interiorizzi e faccia tuo il concetto di **"abbigliamento assertivo"**.

L'abbigliamento assertivo è definito come l'arte di vestirsi in modo da trasmettere fiducia, rispetto di sé e considerazione per gli altri.

Ma, per me, è molto più di una semplice definizione: è un'esperienza, un viaggio che ti porta a scoprire e ad abbracciare la tua vera essenza.

Voglio aggiungere che l'abbigliamento assertivo rappresenta un equilibrio delicato e, al tempo stesso, potente tra la tua espressione personale e l'adattamento al contesto sociale.

È un equilibrio che ti permette di essere autentico, di sentirti a tuo agio nella tua pelle, mentre onori e rispetti le dinamiche del mondo che ti circonda.

Fai conto di poter esprimere i tuoi pensieri, le tue emozioni e i tuoi bisogni in modo chiaro ed efficace attraverso ciò che indossi, mantenendo sempre il rispetto per te stesso e per gli altri.

Questo è il cuore del comportamento assertivo, una competenza fondamentale che può migliorare significativamente le tue relazioni e il tuo benessere personale.

L'abbigliamento diventa così una lingua silenziosa ma potente, capace di raccontare la tua storia, di rivelare i tuoi sogni e di manifestare la tua forza interiore.

Pensa a come ti senti quando indossi qualcosa che ami, qualcosa che ti rappresenta davvero: la tua postura si raddrizza, i tuoi occhi brillano di una luce nuova. Questo è il potere dell'abbigliamento assertivo.

Non si tratta solo di moda, ma di un dialogo continuo tra te e il mondo, un modo per affermare chi sei senza dover dire una parola.

Questo equilibrio tra espressione personale e adattamento sociale ti permetterà di navigare tra le complessità della vita con grazia e sicurezza.

Ti darà la forza di dire "Io sono qui, questo è il mio posto", e di farlo con un sorriso che risplenderà di autostima.

E, in questo viaggio, scoprirai che ogni capo che scegli può essere un alleato, un pezzo del puzzle che completa la meravigliosa immagine di te stesso che vuoi mostrare al mondo.

Decidere di adottare uno stile di "abbigliamento assertivo" non significa solo scegliere vestiti che ti piacciono, ma abbracciare l'idea che ogni indumento può essere un'estensione della tua personalità, un modo per affermare con sicurezza e serenità la tua presenza nel mondo.

Un abito racconta la tua forza, la tua vulnerabilità, la tua unicità.

È come indossare un'armatura invisibile che ti protegge e, allo stesso tempo, ti permette di brillare con la tua luce autentica.

Voglio che tu senta l'emozione e il potere di questa trasformazione, che ogni mattina, davanti al tuo guardaroba, tu possa percepire il brivido della possibilità e la gioia della scelta.

Voglio che tu sappia che ogni capo può essere una dichiarazione d'amore verso te stesso, un modo per dirti: "Io valgo, io sono qui, io merito di essere visto e ricordato".

L'abbigliamento assertivo non è solo una moda, è un viaggio interiore, un cammino verso la piena consapevolezza e l'accettazione di chi sei veramente. È un modo per onorare la tua storia, celebrare il tuo presente e abbracciare con fiducia il tuo futuro.

E io desidero ardentemente che tu possa vivere questa esperienza in tutta la sua intensità e bellezza.

Ricreare uno stile di abbigliamento assertivo: consigli pratici ed ispirazioni

Per ricreare uno stile di abbigliamento assertivo è importante seguire alcuni consigli pratici ed ispirazioni.

Innanzitutto, bisogna scegliere capi d'abbigliamento che rispecchino la propria personalità e il proprio stile individuale.

Optare per colori vivaci e forme che mettano in evidenza le caratteristiche positive del proprio corpo.

Inoltre, il fatto di curare l'aspetto generale, come il dedicarsi alla cura dei capelli, della pelle e delle unghie, contribuisce a creare un look assertivo.

Sperimentare, con l'aiuto di accessori audaci ed originali, può aggiungere un tocco di personalità al proprio abbigliamento.

Infine, cercare ispirazione da icone di stile o da riviste di moda, può aiutare a scoprire nuove idee e tendenze da adottare nel proprio guardaroba assertivo.

Quando indossare l'abbigliamento assertivo: situazioni in cui fare la differenza

L'abbigliamento assertivo può fare la differenza in molte situazioni, soprattutto quando vogliamo esprimere autorità e sicurezza.

Alcuni esempi includono i colloqui di lavoro, dove un abbigliamento assertivo può trasmettere professionalità e competenza, o durante presentazioni pubbliche, dove un look deciso e ben curato, può catturare l'attenzione del pubblico.

Anche nelle situazioni sociali, come eventi importanti o incontri con persone influenti, l'abbigliamento assertivo può aiutarci a creare una prima impressione positiva e a farci sentire più sicuri di noi stessi.

Ricordiamoci che l'abbigliamento è uno strumento potente per comunicare agli altri chi siamo e ciò che vogliamo trasmettere.

L'abbigliamento assertivo è quindi molto più di un semplice modo di vestire: è una filosofia di vita, un'arte che ti aiuta a crescere, a comunicare e a brillare nella tua unicità.

È un invito ad esplorare e ad esprimere la tua vera essenza, celebrando la tua individualità e costruendo connessioni più profonde e significative con gli altri.

È la chiave per vivere una vita più autentica e soddisfacente, un passo alla volta, un abito alla volta.

Hai mai avuto paura di esprimere chiaramente le tue opinioni a causa del timore di scatenare conflitti?

Ecco: questo è un esempio tipico di un **comportamento passivo**, dove si evita il confronto per paura delle conseguenze.

Per farti l'esempio di una situazione che potrebbe essere capitata a chiunque, potresti aver accettato degli inviti o richieste, anche se, in quel momento, ti sentivi esausto, o non ne avevi semplicemente voglia, solo per il bisogno di non deludere gli altri... Cosa che, alle volte, può anche essere considerata normale, ma che, se diventa uno schema di comportamento ricorrente, potrebbe scaraventarti, senza che tu te ne renda conto, in una condizione di frustrazione e di bassa autostima.

Oppure, pensa, invece, a qualche volta in cui ti sei sentito a tal punto arrabbiato, nel corso di una discussione, da arrivare ad alzare la voce o da interrompere, continuamente, il tuo interlocutore.

In questo caso, parliamo di un **comportamento aggressivo**, caratterizzato dal fatto di cercare di imporre la propria opinione senza considerare i sentimenti e i diritti dell'altra persona.

Ebbene: l'assertività ti aiuta a trovare un equilibrio tra questi due estremi.

Puoi imparare a dire di no, spiegando chiaramente i tuoi motivi senza sentirti in colpa

Oppure, puoi esprimere i tuoi sentimenti durante una discussione, in modo calmo e rispettoso.

Per non correre il rischio di essere fraintesa, voglio precisarti che, il dimostrarsi assertivi, non significa affatto essere egoisti o insensibili.

Bensì, si tratta di rispettare te stesso e gli altri.

Potrai, ad esempio, imparare a praticare quello che viene definito "ascolto attivo", mostrando sincero interesse per ciò che l'altra persona ti sta dicendo e rispondendo in modo che entrambi possiate trovare una soluzione soddisfacente.

Inizia con piccoli passi. Pratica l'assertività nelle situazioni quotidiane e osserva come cambia il modo in cui ti relazioni con gli altri.

Percepirai, senza dubbio, una maggiore autostima e una più intensa soddisfazione personale e riuscirai a costruire relazioni più sincere e più rispettose.

Riuscire a trovare questo equilibrio significa imparare a coniugare alla perfezione il tuo stile individuale con le aspettative e le norme del contesto in cui ti trovi, che sia esso professionale, sociale o culturale.

Cosa c'entra, l'abbigliamento, con tutto questo?

Vedi, spesso, l'abbigliamento, viene considerato,

semplicisticamente, come una banale questione di moda o di vanità… In realtà, ciò che non mi stancherò mai di ripeterti, è che, l'abbigliamento, incarna le caratteristiche di uno strumento, quasi magico, di comunicazione non verbale, che trasmette sicurezza, empatia, professionalità e rispetto.

Essere consapevole del tuo modo di vestire e di come questo influisce sulla percezione degli altri, quindi, è fondamentale per creare una presenza assertiva conscia ed efficace.

Permettimi di farti alcuni esempi:

In un contesto aziendale formale, un abito su misura in colori classici come il nero, il grigio o il blu può trasmettere autorità e professionalità.

Un blazer ben scelto abbinato ad una camicia elegante e pantaloni o una gonna può essere altrettanto efficace, mostrando la tua attenzione e la tua cura per i dettagli e il tuo rispetto per l'ambiente lavorativo.

In situazioni sociali più rilassate, come una cena tra amici o un evento informale, un look che combini comfort e stile personale, come un paio di jeans e una camicia ben tagliata, può comunicare fiducia, agio e autenticità.

Anche gli accessori giocano un ruolo cruciale: una cravatta di seta in un contesto formale o un braccialetto di design in un ambiente casual possono essere quei dettagli che riflettono la tua personalità senza mai risultare fuori luogo.

Un altro esempio può essere rappresentato dall'abbigliamento per un colloquio di lavoro: optare per un look pulito e professionale, come una giacca e la cravatta per gli uomini o un tailleur per le donne, può fare la differenza nel comunicare serietà e dedizione.

Non rinunciare ad un tocco personale, però, come un colore particolare per la cravatta oppure un accessorio elegante, per distinguerti, in modo personale e positivo.

Insomma, come credo che, a questo punto, tu stia imparando, un abbigliamento ben scelto può aumentare la tua autostima, migliorare le tue interazioni interpersonali e favorire il tuo successo in vari ambiti della tua vita.

Pertanto, se riuscirai a comprendere e a padroneggiare le dinamiche tra la tua individualità e le aspettative del contesto in cui ti verrai a trovare, riuscirai, senza dubbio e senza sforzo, a navigare con successo nelle diverse sfere della società.

Solo attraverso questa consapevolezza potrai, finalmente, adottare un abbigliamento che, non solo, ti rappresenti autenticamente, ma che sia anche in sintonia con l'ambiente circostante, favorendo un'interazione armoniosa e produttiva.

Forse non ti stupirà il sapere che, l'abbigliamento assertivo, venne teorizzato proprio da quel John T. Molloy, il consulente di immagine e autore americano, del quale ti ho già parlato in precedenza, in quel suo iconico libro "Dress for Success" pubblicato nel 1975.

Molloy, infatti, sosteneva che l'abbigliamento potesse influenzare notevolmente il successo personale e professionale delle persone.

La sua teoria si basa sull'idea che vestirsi in modo appropriato e assertivo possa migliorare la percezione che gli altri hanno di noi, aumentando le possibilità di successo nei vari ambiti della vita.

Ma, naturalmente, Molloy non è stato l'unico a parlarne, anzi!

L'abbigliamento assertivo è stato oggetto di diversi studi e ricerche nel campo della psicologia sociale e, soprattutto, del management.

Ricerche che si sono concentrate sull'esaminare l'impatto dell'abbigliamento sulla percezione delle competenze personali e dell'autorità e sul successo in campo personale e professionale.

Ti voglio illustrare alcuni studi significativi:

- **Lo Studio di Karen Pine del 2014.** Karen Pine, psicologa dell'Università di Hertfordshire, ha condotto uno studio illuminante su come l'abbigliamento possa influenzare il comportamento e la percezione di sé. Per esempio, la Dottoressa Pine ha scoperto che indossare abiti formali, come un abito elegante o un tailleur, può far sentire le persone più potenti e sicure di sé. Immagina di dover fare una presentazione importante: indossando un completo ben tagliato, potresti sentirti più determinato e autorevole, trasmettendo questa sicurezza anche a chi ti ascolta. Questo studio evidenzia come scegliere con cura cosa indossare possa avere un impatto significativo sul nostro modo di agire e di percepirci.

- **La Ricerca di Joy V. Peluchette e Katherine Karl del 2007.** Immagina di entrare in una sala riunioni e vedere due persone: una in abiti casual e l'altra in un elegante completo professionale. Lo studio di Joy V. Peluchette e Katherine Karl, pubblicato nel "Journal of Occupational and Organizational Psychology", ha esaminato esattamente questo scenario. Hanno scoperto che le persone vestite in modo professionale venivano percepite come più competenti e autorevoli. Ad esempio, se ti trovassi nella condizione di dover affidare un compito importante, probabilmente sceglieresti la persona in abiti formali, perché trasmette un'immagine di sicurezza e di competenza. Questo studio ci mostra come l'abbigliamento possa influenzare profondamente le nostre percezioni e, di conseguenza, il nostro successo professionale.

Quando proietti all'esterno un'immagine curata e professionale, le persone ti prenderanno, inevitabilmente più sul serio e daranno maggior valore alle tue parole.

Il fatto di percepirti autentico e in sintonia con la tua immagine esterna ti darà una spinta di fiducia che renderà più facile comunicare i tuoi pensieri e difendere le tue idee.

La comunicazione non verbale è cruciale: la tua postura, il tuo linguaggio del corpo, il modo in cui ti vesti, tutto contribuisce al modo in cui vieni percepito. Con un po' di attenzione a questi dettagli, potrai trasmettere tutta l'autorevolezza e il rispetto che desideri!

La "magia" di sentirti perfettamente a tuo agio nel tuo abbigliamento risiede nella capacità di esprimere la tua autenticità e fiducia in te stesso, creando un'atmosfera di benessere che si diffonde anche a chi ti circonda.

Quando indossi abiti che ti rappresentano e ti fanno sentire comodo, il tuo corpo si rilassa, la tua mente si libera da preoccupazioni superflue e la tua presenza diventa più accogliente.

Questo effetto si traduce in un'aura positiva che influisce sugli altri, facendoli sentire a loro volta più tranquilli e a proprio agio in tua compagnia. Il tuo abbigliamento non è solo un'espressione del tuo stile personale, ma anche uno strumento di connessione e di armonia sociale.

Imparare a utilizzare colori, tessuti e abbinamenti per esprimere liberamente le tue emozioni è un viaggio affascinante e gratificante verso l'autenticità e la creatività.

Pensa a come la scelta dei colori possa comunicare le tue emozioni più profonde: il blu potrebbe evocare la tua tranquillità e l'introspezione, mentre il rosso potrebbe trasmettere la tua passione e la tua energia.

I tessuti, come il velluto morbido o il lino leggero, offrono una dimensione tattile e sensoriale che arricchisce ulteriormente la tua esperienza emotiva, proprio come un dipinto ad olio o un acquerello possono suscitare reazioni diverse in chi li osserva.

Gli abbinamenti che scegli permettono di creare armonie visive che riflettono la tua personalità e il tuo stato d'animo in modo originale e unico.

Coco Chanel una volta disse: "La moda non è qualcosa che esiste solo negli abiti. La moda è nel cielo, nella strada, la moda ha a che fare con le idee, il nostro modo di vivere, ciò che sta accadendo."

Questa citazione ti ricorda che l'uso dei colori e dei tessuti non è solo una questione di estetica, ma un vero e proprio linguaggio attraverso il quale puoi esprimere chi sei e come ti senti.

Questa forma di espressione, lontana da qualsiasi forma di aggressività, ti permette di comunicare in un modo positivo e pacifico, nel quale ogni tua scelta stilistica diventa un mezzo per esplorare e condividere il tuo mondo interiore in modo costruttivo ed ispirante.

Immagina di indossare un abito di seta fluttuante: trasmetteresti, certamente, una sensazione di leggerezza e libertà. Oppure pensa ad un completo ben strutturato che esprima la tua determinazione e la sicurezza in te stesso.

Marc Jacobs afferma: "I vestiti non significano nulla, finché qualcuno non inizia a viverci dentro", ricordandoti quanto sia importante che la moda diventi un'estensione della tua identità e delle tue emozioni.

Sapere come gestire le impressioni che trasmetti agli altri può trasformare le tue interazioni quotidiane.

Capire quali scelte di abbigliamento e stile possono influenzare positivamente chi ti circonda ti permetterà di comunicare in modo più efficace e assertivo.

Prestare attenzione a come ti presenti non è solo una questione di estetica, ma un vero e proprio strumento per rafforzare la tua fiducia in te stesso e migliorare la tua capacità di esprimerti con assertività.

Mantieni, dunque, la tua mente aperta e sii pronto a scoprire e ad accogliere tutto il potenziale che un'immagine consapevole e ben curata può offrirti.

La consulenza d'immagine, può fornirti strumenti preziosi per aiutarti a comprendere e a valorizzare le tue caratteristiche fisiche.

Nel mio lavoro eseguo quotidianamente analisi della body shape e insegno tecniche di camouflage, per permettere a coloro che mi si affidano di imparare a gestire e a riconoscere ciò che li rende unici.

Gestire e riconoscere le nostre caratteristiche fisiche: consigli pratici per sentirsi al meglio

Per sentirsi al meglio con se stessi, è importante gestire e riconoscere le nostre caratteristiche fisiche.

Un consiglio pratico è quello di imparare ad accettare il proprio corpo e ad apprezzare le sue peculiarità.

Ogni individuo ha un tipo di corpo unico e particolare e imparare a valorizzarlo può aumentare la fiducia in se stessi in maniera esponenziale.

Un altro consiglio utile è quello di vestirsi in base alla propria forma del corpo, scegliendo abiti che mettano in evidenza i punti di forza e nascondano eventuali imperfezioni.

Inoltre, mantenere uno stile di vita sano, basato su una dieta equilibrata e sull'esercizio fisico regolare, può aiutare a sentirsi al meglio sia fisicamente che mentalmente.

Prendersi cura di se stessi è fondamentale per raggiungere il benessere personale.

Body Shape e Tecniche di Camouflage

Analisi della body shape: come funziona e quali sono i vantaggi

Il processo di analisi della body shape, ovvero della forma del corpo, coinvolge una valutazione accurata delle proporzioni del corpo, come la forma del viso, la lunghezza del collo, la larghezza delle spalle, le misure del busto, dei fianchi e delle gambe.

Attraverso l'analisi della body shape, è possibile identificare quali sono gli abiti che meglio si adattano alla persona, creando un effetto di armonia e di equilibrio.

I vantaggi di questa analisi sono molteplici: aiuta a scoprire e ad apprezzare le proprie caratteristiche fisiche, a migliorare l'autostima e a sentirsi più sicuri nella propria immagine.

Valorizzare le diverse forme del corpo: alcuni Consigli su Misura

Per valorizzare le diverse forme del corpo, è fondamentale seguire determinati consigli su misura che si adattino alle varie caratteristiche individuali.

Ogni persona ha una forma del corpo unica e peculiare e il riuscire ad individuare i capi d'abbigliamento adatti può, decisamente, fare la differenza.

Ricorda, comunque, che l'aspetto più importante è rappresentato dal sentirsi a proprio agio e sicuri di sé, indipendentemente dalla forma del proprio corpo.

Come scoprire la tua forma del corpo e sfruttarla al massimo

Scoprire la propria forma del corpo è fondamentale per poter sfruttare al massimo le proprie caratteristiche fisiche.

Per scoprire la tua forma del corpo, inizia osservando le tue proporzioni.

Valuta se sei più curvy, con spalle e fianchi larghi e vita stretta, o se hai, piuttosto, una figura rettangolare, con spalle, vita e fianchi allineati.

Potresti anche avere una forma "a pera", con spalle strette e fianchi larghi.

O una forma "a mela", con spalle e busto più pieni rispetto ai fianchi.

Una volta identificata la tua body shape, potrai valorizzarla al massimo scegliendo abiti che ne mettano in evidenza i punti di forza e nascondano eventuali piccoli difetti.

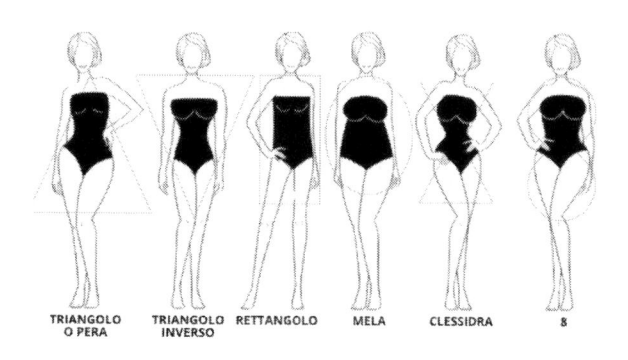

TRIANGOLO O PERA — TRIANGOLO INVERSO — RETTANGOLO — MELA — CLESSIDRA — 8

Segreti per Valorizzare la Tua Body Shape in Modo Elegante e Armonioso

Per valorizzare la tua silhouette in modo elegante e armonioso, ci sono alcuni segreti dei quali ti puoi avvalere.

Innanzitutto, dopo aver identificato la tua forma del corpo è importante imparare a conoscere le sue caratteristiche principali.

Ad esempio, se hai una figura a clessidra, puoi sottolineare la tua vita stretta con cinture o abiti aderenti.

Se invece hai una forma a mela, puoi optare per abiti con tagli verticali che mettono in risalto il tuo décolleté.

Ricordati di scegliere materiali e tessuti che si adattino particolarmente bene al tuo corpo senza aggiungere volume indesiderato.

Infine, gioca con gli accessori, come collane lunghe o sciarpe, per attirare l'attenzione sul punto che desideri evidenziare.

Camouflage: il trucco per valorizzare le tue caratteristiche fisiche

Le tecniche di camouflage nella consulenza d'immagine sono un valido strumento per valorizzare le nostre caratteristiche fisiche.

Attraverso l'uso sapiente del trucco e dell'abbigliamento, è possibile creare illusioni ottiche che ci permettono di nascondere o minimizzare gli aspetti che non ci piacciono e mettere in risalto quelli che invece amiamo di noi stessi.

Ad esempio, se desideriamo slanciare la figura, possiamo optare per l'uso di linee verticali nell'abbigliamento.

Oppure, possiamo imparare ad applicare ombretti scuri sulle zone che vogliamo minimizzare.

Allo stesso modo, il colore e il taglio dei capelli possono essere utilizzati per enfatizzare i nostri tratti distintivi.

La consulenza d'immagine offre una vasta gamma di strategie di camouflage che ci aiutano a sentirci al meglio con noi stessi e ad esprimere la nostra personalità attraverso il nostro aspetto esteriore.

Capitolo 4

L'importanza dell'individualità

"Mai essere la brutta copia di qualcun altro."

Queste parole devono diventare il tuo mantra, il faro che illumina il tuo cammino.

L'importanza dell' individualità e dell'unicità personale è un argomento di grande rilevanza in un mondo in cui troppi "stili comuni" sembrano dominare senza speranza.

Rompi gli schemi: Evita di seguire Stili Comuni

L'importanza dell'individualità e dell'unicità personale è sempre più evidente in un mondo dominato dalla conformità.

Troppi stili comuni si diffondono attraverso i social media, influenzando le scelte e limitando l'espressione personale.

È fondamentale rompere gli schemi ed evitare di seguire ciecamente questi, che io definisco "stili comuni".

Copiare ciò che vediamo sui social media può portare alla perdita della nostra identità autentica e alla mancanza di originalità.

Dobbiamo essere consapevoli del pericolo della produzione continua di "copie" ed imparare a proteggerci da queste influenze che io considero, irrimediabilmente, negative.

Sperimentare, esplorare nuove idee e nuovi stili e trovare il nostro modo unico di esprimerci, sono modi per valorizzare la nostra individualità.

Il pericolo delle copie: come evitare di essere influenzati dai social

Nel mondo dei social media, il pericolo delle copie è sempre dietro l'angolo.

Troppo spesso ci troviamo ad essere influenzati dalle tendenze e dagli stili comuni che vediamo online.

Questo può portare alla perdita della nostra individualità e alla creazione di una massa uniforme di persone che si somigliano tutte.

Per evitare di cadere in questa trappola, è fondamentale essere consapevoli del potere dei social media e dei loro effetti sulla nostra autenticità.

Dobbiamo imparare a distinguere tra ciò che ci piace davvero e ciò che ci viene imposto dalla società virtuale.

Sviluppare la propria personalità e seguire i propri interessi senza farsi influenzare da ciò che è popolare è la chiave per preservare la nostra autenticità nel mondo digitale.

Sii te stesso: valorizza la tua unicità

Sii te stesso: valorizza la tua unicità e lascia il tuo segno nel mondo.

L'importanza dell'individualità non può essere sottovalutata.

Troppo spesso ci sentiamo spinti a conformarci agli stili comuni, perdendo di vista la nostra autenticità.

Invece, dovremmo abbracciare la nostra unicità e farla risplendere.

Ogni persona ha qualcosa di speciale da offrire al mondo, ma spesso ci lasciamo influenzare dai social e dalle aspettative degli altri.

Per evitare di perdersi e di trasformarsi in "copie" superficiali, è fondamentale riscoprire se stessi e valorizzare le proprie peculiarità.

Soltanto quando siamo fedeli a noi stessi possiamo lasciare un'impronta duratura nel mondo, contribuendo con la nostra voce originale e autentica.

Perciò, ogni giorno, quando ti guardi allo specchio, chiediti cosa vedi davvero.

Vedi un riflesso autentico, o un tentativo di somigliare a qualcuno che ammiri, una celebrità, forse, o un collega di successo?

Ebbene: è assolutamente naturale sentirsi attratti da modelli esterni, ma ricorda: il vero potere risiede nella tua unicità, in quella scintilla che ti rende speciale.

La perfezione è un concetto che spesso ci provoca e ci spinge a cercare di raggiungerla.

Tuttavia, è importante comprendere che la perfezione in sé non esiste e non dovrebbe essere oggetto di imitazione.

Ogni individuo è unico e ha le proprie caratteristiche, i propri difetti e le proprie imperfezioni che lo rendono autentico.

Immagina te stesso come un fiore in un vasto campo: nessuno si aspetta che una margherita sembri un tulipano, giusto?

Sappi che funziona allo stesso modo per le creature umane: la tua vera bellezza risiede proprio nella tua individualità, nelle esperienze che hai vissuto, nei sogni che coltivi e nelle passioni che ti animano.

Ogni tuo "difetto" è, in realtà, un tratto distintivo che ti rende unico, non un limite.

L'avvento della perfezione artificiale e la sua influenza sulla nostra percezione di sé è un fenomeno che ha preso sempre più piede con l'arrivo delle trasformazioni digitali e dell'intelligenza artificiale.

L'ascesa dei social media e delle piattaforme digitali ha portato alla diffusione di immagini ritoccate e filtrate, creando una distorsione visiva dell'individualità.

Le persone sono spinte a cercare di raggiungere standard di bellezza irrealistici, basati su corpi perfetti e volti senza difetti.

Questa ricerca ossessiva della perfezione esteriore non può non avere un impatto negativo sulla nostra autostima e sulla nostra percezione di sé.

Finiamo inevitabilmente per sentirci inadeguati e insoddisfatti del nostro aspetto, poiché ci confrontiamo costantemente con ideali impossibili da raggiungere.

È importante prendere coscienza di questa illusione e abbracciare la propria autenticità, riconoscendo che la perfezione non esiste e che la diversità è ciò che rende ogni individuo unico e prezioso.

Dobbiamo invece concentrarci sulla scoperta e sulla celebrazione delle nostre qualità individuali, imparando ad amare noi stessi così come siamo.

Non credere che non sappia che ciò che ti sto dicendo richiede un lavoro interiore profondo ed impegnativo, che, però, ci permette di mettere da parte le aspettative esterne e di abbracciare la nostra autenticità senza paura del giudizio altrui.

Soltanto quando riusciamo a liberarci dei falsi ideali comuni e ad essere veramente noi stessi, possiamo trovare la felicità e la soddisfazione nella nostra vita.

Quindi, pensa a come ti farebbe sentire indossare qualcosa che rappresenti VERAMENTE chi sei.

Ogni scelta che fai, dal colore dei tuoi vestiti al taglio dei capelli, Infatti, dovrebbe parlare di te, raccontare la tua storia, non quella di un'idea di perfezione imposta da qualcun altro.

Questo è il primo passo per costruire un'immagine autentica e potente da mostrare al mondo.

La bellezza autentica non è un riflesso superficiale esterno, ma una luce che proviene dall'interno e che tu irradi tutt'intorno.

Non si tratta di copiare qualcuno che ammiri, ma di trovare ciò che ti rende speciale e di metterlo in evidenza.

È facile cadere nella trappola di voler assomigliare a qualcun altro, ma credimi: il mondo ha bisogno della tua versione, unica e irripetibile.

Questo percorso non è sempre semplice, te ne do atto, ma, in compenso, è incredibilmente gratificante.

Scoprire il tuo "sé" più profondo, valorizzare la tua essenza e mostrarti al mondo per ciò che sei: questo è il vero obiettivo da perseguire.

Quindi, non stancarti mai di ripetertelo: mai essere la brutta copia di qualcun altro.

Sei qui per diventare la migliore versione di te stesso. Il mondo ha bisogno di vedere la tua autenticità, di sentire la tua voce, di essere ispirato dalla tua luce unica!

Non devi mai dimenticare quanto tu sia prezioso e irripetibile.

Ti sei mai chiesto perché tendi a seguire la Moda Quando Fai Shopping?

Hai mai notato che, entrando in un negozio, spesso finisci per guardare ciò che "va di moda" invece di quello che ti piace veramente?

Ti fermi davanti agli scaffali, affascinato dalle ultime tendenze, senza, magari, accorgerti che ciò che desideri davvero rimane nascosto dietro una serie di scaffali.

Se questo è un comportamento che ti appartiene, consolati: non sei da solo.

Immagina, infatti, di camminare per i corridoi di un grande magazzino, o di aggirarti all'Interno di una boutique: sei circondato da colori vivaci e stili accattivanti, tutti progettati per catturare la tua attenzione...

Capisci che è facile sentirsi sopraffatti... Quasi come se dovessi adattarti alle aspettative di qualcun altro.

In realtà, questo modo di agire è piuttosto comune e si basa su ragioni ben precise, che affondano le radici nella psicologia, nella società e, addirittura, nell'economia!

La pressione che ti spinge a "conformarti" è ovunque: dalle pubblicità che ti bombardano ogni giorno, ai social media che ti mostrano versioni perfette di vite altrui.

È come se tu venissi programmato per seguire la corrente, per sentirti parte di un qualcosa di più grande, per non rimanere escluso...

Eppure, ogni volta che metti da parte i tuoi veri desideri per seguire la massa, finisci per perdere un pezzetto di te stesso.

Pensa, per un momento, a quando eri bambino: non è raro che, i bambini, scelgano cosa indossare senza preoccuparsi delle opinioni altrui.

Ogni capo di abbigliamento, da piccoli, suona come una dichiarazione di chi si è veramente, come un'espressione pura e incontaminata della propria personalità.

Crescendo, potresti domandarti dove sia finita quella spontaneità... La verità è che, man mano che cresci, impari a temere il giudizio degli altri e, spesso, a nascondere la tua autenticità dietro ad una maschera di "conformità".

Ma, chissà, magari, è proprio questo il momento di ritrovare quella parte, così sincera e indipendente, di te stesso.

Perciò, quando entri in un negozio, prova a fermarti un attimo e ad ascoltare la tua voce interiore: cosa ti piace davvero? Quali colori, forme e stili risuonano con la tua anima?

Insomma: non lasciare che le tendenze ti impongano chi essere.

Ricordati: la moda dovrebbe essere un riflesso di te, non una gabbia in cui intrappolarti.

Ogni scelta che fai dovrebbe raccontare di te, non di ciò che gli altri si aspettano.

Prova a liberarti dalle catene dell'approvazione esterna e, credimi, riscoprirai la gioia di essere autentico!

Perché la vera bellezza sta nell'essere te stesso, in ogni più piccolo dettaglio.

L'Influenza Sociale

Chi non ha mai provato a conformarsi ai gusti dei propri amici o dei propri colleghi?

È un'attitudine assolutamente normale, fidati. Un'attitudine che, credo, a tutti noi sia capitato di sperimentare, almeno una volta nella vita.

In alcuni casi, potresti cedere alla tentazione di seguire una moda, solo per sentirti parte di un gruppo…

Questo accade inconsciamente senza nemmeno rendersene conto, perché desideri, disperatamente, essere accettato, temendo di venire escluso o di essere giudicato, nell'eventualità in cui tu non ti adeguassi.

Non è una vergogna ammettere che ciò gli altri pensano e fanno, può influenzarti più di quanto immagini. Anzi: è fondamentale che tu ne sia consapevole.

Pensa a tutte quelle volte in cui hai scelto un capo di abbigliamento, non perché ti piacesse davvero, ma perché sapevi che avrebbe riscosso l'approvazione degli altri, o semplicemente perché lo indossava la tua migliore amica.

È un modo come un altro per sentirti sicuro, per sapere, con certezza, che sarai accolto e apprezzato.

Nel seguire le mode, non fai altro che andare alla ricerca di un rifugio dalla paura di essere "diverso" e, di conseguenza, di rimanere isolato.

Indossare un capo alla moda che tu "pensi" di aver scelto diventa, così, molto più che una semplice scelta estetica.

È un segnale che rivolgi al mondo esterno, un modo per dire "Io appartengo al vostro universo, io sono come voi". È un linguaggio silenzioso che parla di desiderio di inclusione, di paura della solitudine.

Ogni volta che ti conformi, stai comunicando che desideri ardentemente far parte di una determinata cerchia di persone, che vuoi essere visto e accettato, come parte di loro.

Ma, in tutto questo, rimane quel pezzetto di te che si perde. Una voce interiore che, a volte, viene soffocata dal rumore delle aspettative altrui.

In tanti posseggono, sul fondo del proprio armadio, quel capo di abbigliamento che amano e del quale non hanno il coraggio di disfarsi, ma che non indossano perché non è "alla moda"… Quella piccola ribellione silenziosa che viene messa da parte.

La verità è che la moda dovrebbe rappresentare un mezzo, uno strumento al tuo servizio per esprimere chi sei davvero, non una gabbia in cui rinchiudere la tua individualità.

Ogni capo che indossi dovrebbe raccontare una storia, la TUA storia, fatta di esperienze, di sogni e di unicità.

a

Imprimi nella tua mente questo pensiero: quando riesci a superare la paura del giudizio e ad indossare ciò che ti piace veramente, stai facendo un passo avanti verso la libertà. Stai scegliendo di essere autentico, di mostrare al mondo la tua vera essenza.

Quindi, la prossima volta che ti troverai a scegliere cosa indossare, concediti qualche secondo e chiediti se stai seguendo il tuo cuore o se stai solo cercando di conformarti.

Ricordati, che la vera bellezza risiede nell'essere te stesso, senza compromessi.

La tua autenticità è il dono più grande che puoi offrire al mondo. Non aver paura di mostrarla.

Il Potere dei Media e della Pubblicità

Considera che, ogni giorno, sei bombardato da immagini e messaggi pubblicitari che ti dicono cosa è cool e cosa, invece, non lo è.

Ogni volta che scorri i social media, le celebrità e gli influencer che segui, ti mostrano uno stile di vita perfetto, indossando capi di abbigliamento all'ultima moda, esibendo accessori esclusivi, sempre al top della tendenza.

Quello che, spesso, non vedi è il lato nascosto di tutto questo: molti di loro sono pagati per promuovere quelle tendenze, creando appositamente un'illusione di desiderabilità.

Anche se puoi non rendertene conto, tutte queste immagini influenzano le tue scelte.

Potresti, per farti un esempio semplicistico, aver visto il tuo influencer preferito, indossare una giacca particolare ed aver "sentito" il bisogno di averne una anche tu…

Questo perché, quella, non era solo una giacca: era la promessa di un intero stile di vita, di un'immagine di te stesso che desideravi proiettare.

Questo desiderio, talvolta inconsciamente, ti spinge a volere ciò che è di moda, perché ti appare come desiderabile e aspirazionale.

Ti invito a ripensare, perciò, a tutte quelle volte in cui potresti aver scelto qualcosa solo perché l'hai visto addosso a qualcuno che ammiri.

È straordinariamente facile cedere a questa pressione, sentirsi attratti da ciò che ci sembra perfetto.

Ti fa sentire come se, indossare quel capo, o seguire quella certa tendenza ti possa avvicinare un po' di più a quel mondo ideale che vedi sullo schermo.

La realtà, però, è che, dietro quelle immagini, la maggior parte delle volte, c'è una strategia precisa, un tentativo ben orchestrato di indirizzare i tuoi desideri e le tue scelte.

Rifletti su come queste influenze modellino il tuo modo di vedere te stesso e il mondo.

Ogni immagine che vedi, ha lo scopo di inviarti un messaggio chiaro ed immediato: "Se vuoi essere felice, devi possedere questo. Se vuoi essere accettato, devi vestirti così".

E, ogni volta che cedi a questa pressione, quel famoso pezzetto della tua autenticità si perde.

Ma già nel semplice fatto di essere consapevoli di queste dinamiche, c'è una potenza incredibile!

Quando diventi in grado di riconoscere l'influenza di questi messaggi, puoi scegliere di resistere. Puoi scegliere di ascoltare la tua voce interiore e di seguire i tuoi veri gusti e desideri.

È una sfida, lo so. Ma ogni volta che decidi di essere autentico, stai avvicinandoti di un ulteriore passo verso la versione più vera di te stesso.

Quindi, la prossima volta che sentirai il richiamo delle tendenze, chiediti se ciò che desideri è davvero ciò che vuoi. Riconosci il potere delle immagini che ti circondano, ma non lasciare che definiscano chi sei.

Non permetterti di dimenticare che, la tua unicità, è ciò che ti rende speciale. Non aver paura di mostrarla al mondo.

Trova la forza nella tua autenticità e ricordati che non c'è niente di più affascinante di una persona che è veramente se stessa. Il mondo ha bisogno della tua versione autentica, con tutte le sue imperfezioni e meraviglie. Mostra chi sei veramente, e troverai che la bellezza più grande risiede proprio lì.

La Paura di Perdersi Qualcosa (FOMO)

Ti faccio una domanda diretta: ti è mai capitato di percepire una leggera ansia quando tutti i tuoi amici parlano di qualcosa che tu non hai? Una sensazione sottile ma persistente, come se ti stessi perdendo qualcosa di importante...?

Ebbene: ciò che che stai sperimentando, in quel momento, è il FOMO (acronimo di "Fear Of Missing Out", che in italiano si traduce come "paura di essere tagliati fuori" o "paura di perdersi qualcosa").

Il FOMO è una forma di ansia sociale che si manifesta quando hai paura che gli altri stiano vivendo esperienze più gratificanti ed appaganti delle tue e che tu stia "mancando" queste opportunità.

La sensazione è la stessa che potrebbe sperimentare un bambino quando tutti i suoi amici parlano di un nuovo gadget tecnologico e lui è l'unico a non averlo.

Quella sensazione di vuoto, come se non fossi abbastanza al passo con i tempi, è il FOMO che ti parla.

Questa sensazione (che appartiene un po' a tutti noi), risulta amplificata dai social media, dove le persone tendono a condividere solo i momenti più eccitanti e positivi delle loro vite.

Ogni volta che scorri il tuo feed e vedi viaggi esotici, cene raffinate, abiti alla moda, è come se il mondo intero stesse vivendo un'esistenza perfetta e tu fossi lasciato indietro.

Come se, per dirla in un modo più eclatante, ti venissero sbattute in faccia le foto di una festa a cui non sei stato invitato, e quella fitta di esclusione è più che reale: è quasi dolorosa.

Quando vedi che tutti intorno a te comprano o indossano qualcosa di specifico, potresti sentirti spinto a fare lo stesso per non rimanere indietro.

È una forma di auto rassicurazione, un modo per sentirti connesso e aggiornato.

Questa ricerca incessante di approvazione, però, può essere estenuante!

Ogni acquisto, ogni tendenza seguita, in casi estremi, può diventare un tentativo di colmare un vuoto, di assecondare la necessità insostenibile di sentirti parte di qualcosa.

Ricorda, però, che non sei solo in questa sensazione.

Come ti dicevo, la maggior parte dell'umanità sperimenta, a vari livelli, la pressione del FOMO.

Ma la cruda verità è che non è possibile vivere OGNI esperienza o possedere OGNI oggetto di tendenza.

La vera sfida consiste nel trovare la soddisfazione nelle tue scelte autentiche, non in ciò che gli altri affermano essere importante.

Dunque, davanti ad ogni scelta, continua a chiederti: cosa mi rende veramente felice? Cosa risuona con il mio vero io? Quando inizi a concentrarti su ciò che ti procura gioia autentica e non una semplice gratificazione legata all'opinione altrui, allora, scoprirai che l'ansia del FOMO inizia a svanire.

Non c'è nulla di sbagliato nel desiderare di essere aggiornato e "alla moda", ma non permettere che questo desiderio ti allontani da chi sei realmente.

Perciò, la prossima volta che senti quell' ansia specifica e lieve, fermati un momento e rifletti su ciò che è veramente importante per te. Trova la sicurezza nella tua autenticità e ricordati che la vera connessione non si basa su ciò che possiedi o su quanto tu possa essere alla moda, ma su chi e cosa sei in quanto persona! Impara a conoscere la tua unicità e scoprirai che la tua vera forza risiede esattamente lì.

La Psicologia del Colore e del Design

I colori e i design degli oggetti di moda sono accuratamente scelti per attrarre e stimolare certe emozioni.

Forse non te ne accorgi sempre, ma pensa a come ti senti quando entri in un negozio e sei circondato da colori vivaci ed accattivanti.

I toni brillanti possono farti sentire più energico e allegro, quasi come se un'ondata di positività ti investisse all'improvviso. Al contrario, i colori più tenui e delicati possono infonderti una sensazione di calma e di serenità, come se venissi avvolto da un abbraccio.

Immagina di trovarti in una boutique, dove ogni capo di abbigliamento sembra raccontare una storia diversa.

I design alla moda non sono semplicemente frutto del caso, ma rispecchiano lo stato d'animo del momento, influenzando la tua percezione e le tue scelte.

Quando vedi una collezione ispirata alla natura, con linee morbide e tessuti leggeri, non ti senti forse più rilassato e in sintonia con l'ambiente? E quando invece ti trovi di fronte a capi dai tagli audaci e dai colori intensi, non percepisci una vibrante scintilla di eccitazione, come se fossi pronto ad affrontare il mondo con una nuova carica di energia?

Per esempio. in un periodo di forte stress, potresti decidere di indossare la tua felpa preferita, quella morbida e di un azzurro tenue… E, quel semplice gesto, potrebbe farti sentire, immediatamente, più tranquillo e rilassato…

È incredibile come un singolo capo di abbigliamento possa avere un tale potere sul nostro stato d'animo!

Anche i design possono avere un impatto profondo.

I motivi floreali possono evocare un senso di nostalgia e di romanticismo, mentre i design minimalisti possono trasmettere un senso di ordine e controllo.

Devi essere consapevole che, ogni dettaglio, è studiato per evocare, in te, una risposta emotiva, per farti sentire in un certo modo e guidare le tue scelte.

Quando scegli cosa indossare, non stai solo facendo una scelta estetica, ma stai rispondendo ad un "invito emotivo".

Ogni colore, ogni design ha il potere di influenzare il tuo stato d'animo, di trasformare il modo in cui ti senti e il modo in cui scegli di presentarti al mondo.

La prossima volta che indossi qualcosa, prenditi un momento per "ascoltare" come ti fa sentire. Scoprirai, ne sono certa, che la moda non è solo una questione di apparenza, ma un linguaggio emotivo che parla direttamente al tuo cuore.

Scegliere con consapevolezza può aiutarti a connetterti più profondamente con te stesso, a esprimere chi sei veramente attraverso ciò che indossi.

Ogni capo è un'opportunità per mostrare al mondo la tua luce interiore, per far risplendere la tua personalità unica.

Non sottovalutare il potere dei colori e dei design: sono alleati preziosi nel tuo viaggio verso l'autenticità.

L'Economia della Moda

Sai che l'industria della moda è un gigantesco motore economico? Tutte le aziende del settore investono enormi risorse per creare nuove tendenze e mantenere alta la domanda.

È incredibile pensare a quanto lavoro, creatività e strategia ci siano dietro ogni collezione, dietro ogni capo che vedi in vetrina.

Immagina tutte le persone coinvolte in questo processo: i designer che disegnano abiti con passione e innovazione, gli esperti di marketing che studiano ogni dettaglio per rendere un prodotto irresistibile, i modelli che, con il loro carisma, rendono "vive" queste creazioni...

Ogni singola persona gioca un ruolo fondamentale in questo immenso ecosistema. E tutto questo sforzo è diretto a te, proprio a te! Per catturare la tua attenzione, per farti desiderare quell'ultimo pezzo di tendenza che ti sembrerà così indispensabile.

Pensa a quelle volte in cui hai visto un nuovo capo e hai sentito quel brivido di eccitazione, quel desiderio immediato di possederlo.

È una sensazione forte, quasi come se l'oggetto stesso potesse condurti un passo più vicino a una versione migliore di te stesso, accompagnandoti in avventure e momenti speciali.

Proprio questa sensazione di novità, di possibilità infinite, è ciò che rende la moda così potente e seducente.

Questo ciclo continuo di novità ti tiene sempre aggiornato e stimolato a comprare.

Ogni stagione porta con sé nuove collezioni, nuove idee, nuovi sogni da indossare.

E tu, con il tuo gusto unico, sei parte di questo ciclo, cercando sempre di esprimere chi sei attraverso ciò che scegli di indossare.

Ma non dimenticare che la moda, pur essendo un motore economico, è anche un mezzo attraverso il quale puoi esprimere la tua autenticità.

Ogni scelta che fai, ogni capo che acquisti, è un'opportunità per mostrare al mondo chi sei veramente. Non è solo una questione di seguire le tendenze, ma di trovare ciò che risuona con il tuo cuore, ciò che ti fa sentire bene, sicuro e a tuo agio nella tua pelle.

In questo viaggio, ricorda che la tua autenticità è la tua più grande forza.

Non c'è niente di più potente di una persona che conosce e abbraccia se stessa.

E la moda, con tutte le sue sfumature e possibilità, è solo uno degli strumenti che puoi usare per raccontare al mondo la tua storia unica.

Autostima e Identità Personale

Dimmi: come ti senti quando indossi qualcosa di nuovo e alla moda? Permettimi di anticiparti la risposta: molto probabilmente, ti senti più sicuro di te stesso. Sì, perché la moda è un potente strumento di espressione personale.

Indossare ciò che è di tendenza può davvero aiutarti a sentirti meglio con te stesso e a comunicare agli altri chi sei o chi vuoi diventare.

Pensa a quella volta in cui hai indossato un capo nuovo e alla moda per la prima volta. Forse era una giacca elegante, o un paio di scarpe di uno stilista speciale, o un abito che ti faceva sentire semplicemente fantastico.

Ricordi come ti sei sentito in quel momento? Quasi certamente camminavi con una sicurezza diversa, sentivi gli sguardi di ammirazione su di te e percepivi una nuova energia scorrere nel tuo corpo.

Quella sensazione di essere al centro dell'attenzione, di essere apprezzato e riconosciuto per il tuo stile, è straordinariamente gratificante! Lo so.

Anche se, forse, nel profondo, preferiresti indossare qualcosa di diverso, il fatto di seguire la moda può darti quella spinta di autostima che, inevitabilmente, tutti cerchiamo.

Magari hai una passione segreta per i colori vivaci o per gli stili più eccentrici, ma temi che non siano adatti per essere accettato dagli altri. E così, scegli di seguire le tendenze più comuni, sentendoti più sicuro e in sintonia con ciò che ti circonda.

Ma voglio dirti una cosa: la moda non deve MAI essere una prigione, bensì, un mezzo attraverso il quale esprimere la tua vera essenza.

Ogni volta che scegli un capo di abbigliamento, fai una scelta su come vuoi presentarti al mondo.

Se ti senti sicuro e felice indossando ciò che è di tendenza, va benissimo. Ma non dimenticare mai di ascoltare anche la tua voce interiore.

Quei momenti in cui decidi di indossare qualcosa che ti rispecchia veramente, anche se è fuori dagli schemi, possono essere i più liberatori e autentici.

Indossare qualcosa di nuovo e alla moda è come indossare un'armatura che ti dà forza e coraggio.

Ma la vera forza viene dall'abbracciare chi sei veramente.

Trova il giusto equilibrio tra seguire le tendenze e rimanere fedele a te stesso.

La moda è un viaggio di scoperta personale. Ogni scelta che fai, ogni capo che indossi, è un passo in questo viaggio. Sperimenta, gioca con i colori e i design, e non aver paura di mostrare al mondo chi sei veramente.

Quindi, ricapitolando, perché spesso scegli ciò che è di moda invece di ciò che ti piace davvero?

Perché sei influenzato dagli altri, dai media, dalla paura di essere escluso, dai colori e dai design che ti attraggono, dalle dinamiche economiche e dalla tua stessa necessità di sentirti bene con te stesso.

Ancora una volta, la chiave per gestire questo comportamento e per non esserne dominato, è la consapevolezza!

Il saper riconoscere queste influenze, infatti, può aiutarti a compiere scelte più consapevoli.

Naturalmente, non c'è niente di male nel seguire la moda, ma è di assoluta importanza capire le vere ragioni che ti spingono a farlo e cercare un equilibrio con tuoi, più veri e più profondi, gusti e desideri.

Lo Stile Personale: L'Arte di Scegliere Cosa è Giusto per Te

Hai mai pensato a quanto possa essere potente la tua scelta di abbigliamento?

Non si tratta solo di seguire le mode, credimi: ma di "esprimere" chi tu sia, veramente!

Lo stile personale è molto più di ciò che appare in superficie.

È essere consapevole di cosa ti valorizza, di cosa ti fa sentire a tuo agio e sicuro di te, senza, per questo, essere travolto dalle proposte del momento.

Il mio scopo, è esattamente questo: guidarti attraverso il viaggio di scoprire e coltivare il tuo stile unico.

Conoscenza di Sé e Autenticità

Vorrei, innanzitutto, che tu ti prendessi un momento per riflettere su chi sei veramente.

Pensaci: che cosa ti fa sorridere? Quali colori ti fanno sentire vivo?

Il tuo stile personale, dovrebbe essere un riflesso della tua anima, delle tue passioni, dei tuoi sogni e del tuo stile di vita.

Ogni qualvolta ti ritrovi nella situazione di dover scegliere un capo, non farlo solo perché è di moda, ma prova a farlo perché parla di te, perché ti rappresenta.

Essere autentico significa abbracciare la tua unicità con orgoglio.

Non devi, per forza, conformarti a ciò che gli altri pensano sia bello o alla moda.

La tua individualità, credimi, è un autentico superpotere! Indossa ciò che ti fa sentire speciale, ciò che ti rende felice... Questa è l'essenza del vero stile!

Riconoscere le Influenze Esterne

Come ti ho detto, ogni giorno, siamo sommersi da immagini e messaggi che ci dicono cosa dovremmo desiderare.

Ma, ti prego: fermati un attimo.

Chiediti se quello che vedi ti piace davvero o se è solo il risultato di una campagna pubblicitaria ben orchestrata.

Sii consapevole delle influenze esterne, ma non lasciare che determinino chi sei.

La prossima volta che vedi qualcosa che ti attira, pensa: "Mi piace davvero o sto solo seguendo la massa?"

L'Arte della Selezione

Immagina di entrare in un negozio e trovare un mare di abiti e accessori.

Non tutto è per te, sappilo, ed è giusto che sia così.

Perciò, prenditi il tempo di scegliere con cura ciò che ti

valorizza.

Cerca la qualità, non la quantità.

Ricordati sempre che, ogni capo, dovrebbe essere una dichiarazione di chi, veramente, sei.

Impara a conoscere il tuo corpo e a scegliere abiti che ne esaltino la sua bellezza unica.

Sperimenta, certo, ma rimani fedele a ciò che ti fa sentire te stesso.

Creare un Guardaroba Coerente

Pensa al tuo guardaroba come a una collezione di tesori personali.

Ogni pezzo dovrebbe raccontare una parte della tua storia, della tua vita.

Organizza il tuo guardaroba in modo che ogni capo si armonizzi con gli altri, riflettendo il tuo stile in modo coerente.

Analizza i tuoi gusti, le tue preferenze e le tue ispirazioni per capire quali sono gli elementi che ti rappresentano al meglio.

Questo non solo renderà più facile il fatto di vestirsi ogni giorno, ma ti aiuterà, anche, a rimanere fedele alla tua visione di te stesso.

Creare delle capsule collezioni che rispecchiano il tuo stile unico è un ottimo modo per organizzare il tuo guardaroba e valorizzare la tua personalità.

Le capsule collezioni, ricorda, sono gruppi di capi d'abbigliamento selezionati con cura che si combinano tra loro in modo armonioso.

Questo approccio ti permette di creare outfit versatili e di avere sempre a disposizione capi che ti rappresentano al meglio.

Quando crei una capsule collezione basata sul tuo stile unico, hai la possibilità di esprimere la tua individualità attraverso l'abbigliamento.

Puoi scegliere i colori, i tessuti e gli stili che ti attraggono di più e creare una collezione personalizzata che ti farà sentire sicuro e autentico ogni volta che apri il tuo armadio.

Resistere alle Pressioni della Moda

Le tendenze vanno e vengono, lo sai…

Ciò che, invece, rimane, è il tuo stile personale.

Non devi sentirti obbligato a seguire ogni nuova moda che appare sul palcoscenico del mercato.

Chiediti sempre se una determinata tendenza ti rispecchia veramente.

Dire no alle mode che non ti appartengono è un bellissimo atto di coraggio e di autoaffermazione.

Ricorda, lo stile è una maratona, non uno sprint.

La tua immagine si costruisce nel tempo, riflettendo la tua crescita e la tua evoluzione personale.

La Fiducia in Sé Stessi

La fiducia in sé stessi, a mio parere, rappresenta il pilastro fondamentale del vero stile.

Quando sei sicuro di te, ogni scelta stilistica risplende di autenticità.

Perciò... Indossa ciò che ami con orgoglio e vedrai che gli altri non potranno fare a meno di notare questa sicurezza.

La fiducia si costruisce giorno dopo giorno, accettando chi sei e celebrando il tuo valore unico. Non permettere a nessuno di dirti il contrario.

Lo stile personale è un viaggio emozionante di scoperta e di autoespressione.

È il possedere la piena consapevolezza di ciò che va bene per te, resistendo alle pressioni esterne e rimanendo fedele a te stesso.

Per questo motivo, ti esorto a scoprire cosa ti fa sentire vivo, cosa ti rende felice, e cosa abbraccia la tua unicità!

Il vero stile non segue le mode, le crea: questa è l'affermazione fondamentale!

Ogni scelta che compi, ogni capo che indossi, dovrebbe raccontare la tua storia unica.

Riconosci il tuo valore, sii consapevole delle influenze, seleziona con cura e indossa la tua fiducia.

In questo modo, il tuo stile personale sarà sempre autentico e senza tempo.

Libertà e Bellezza: Un Connubio Intrinseco

Immagina per un momento di essere completamente libero.

Libero da ogni aspettativa, da ogni giudizio esterno. Libero di essere esattamente chi sei, senza maschere, senza filtri.

Questa libertà, spesso nascosta sotto strati e strati di conformismo e di paura, è, in realtà, la chiave per scoprire la bellezza autentica, quella bellezza che non segue mode, ma che nasce dalla tua essenza più profonda.

Ciò che ti sto invitando a fare è esplorare come, la libertà di essere te stesso, possa coincidere con l'idea più pura di bellezza.

La Libertà di Essere Te Stesso

Chiediti quante volte hai sentito il peso delle aspettative altrui!

La società, i media, a volte anche le persone a te più vicine... Tutti sembrano detenere un'idea riguardo a come, tu, dovresti essere, riguardo a cosa dovresti fare per essere accettato.

Quando ti concedi il permesso di essere autentico, inizi a scoprire una bellezza che è tua, solo tua e di nessun altro!

Una bellezza che non ha bisogno di essere confermata dagli altri perché nasce da una profonda accettazione di chi sei. Questa bellezza, intrinseca alla tua libertà, è, esattamente, ciò che ti rende unico.

La Bellezza dell'Autenticità

La bellezza non è solo un fattore esteriore; è un riflesso della tua autenticità.

Quando sei autentico, irradi, inevitabilmente, una luce speciale.

Tutte le persone autentiche hanno una presenza che va oltre l'apparenza fisica: sono magnetiche, piene di vita, e ispirano chi le circonda.

La tua bellezza, perciò, non deve adattarsi ad un modello predefinito, ma deve risiedere nella tua capacità di abbracciare chi sei veramente.

Ora: chiudi gli occhi per un momento e pensa a quelle volte (sicuramente, ci saranno state), in cui ti sei sentito, veramente, te stesso!

Non credi anche tu, che quei momenti siano pieni di una bellezza ineguagliabile? Sì, certo che lo sono! E lo sono, perché sono genuini.

Sappi, infatti, che non c'è nulla di più attraente della sincerità, della passione e di una vita vissuta pienamente e consapevolmente.

Moda e tendenze: un'ispirazione o una costrizione?

La moda e le tendenze possono essere sia un'ispirazione che una costrizione per molti.

Da un lato, seguire le ultime tendenze può essere stimolante e divertente, permettendo alle persone di esprimere la propria creatività attraverso l'abbigliamento.

Dall'altro lato, però, può anche creare una pressione sociale che spinge a conformarsi ad uno standard predefinito.

Conoscere il proprio corpo è un altro aspetto cruciale.

Ogni corpo è diverso e ciò che può stare bene su una persona potrebbe non valorizzare al meglio un'altra.

Prendersi il tempo per capire i propri punti di forza e le caratteristiche del proprio corpo aiuta a scegliere capi che mettano in risalto la bellezza individuale.

Seguire le tendenze può essere una fonte di ispirazione, ma è importante non dimenticare l'importanza dell'autenticità e della conoscenza del proprio corpo per creare uno stile personale coerente con la propria personalità.

La Scelta Consapevole

Essere liberi e autentici non significa, però, ignorare completamente le tendenze o disprezzare la moda.

Significa fare scelte consapevoli che riflettono chi sei veramente.

Quando scegli con cura ciò che indossi, come ti esprimi, stai dicendo al mondo: "Ecco chi sono!"

Questa scelta consapevole richiede coraggio, ma ti permette di vivere una vita più autentica e gratificante.

Il Potere della Libertà Interiore

La libertà interiore di essere te stesso ha un potere incredibile.

Ti permette di vivere in modo autentico, di essere più creativo, di costruire relazioni sincere e di accrescere la tua autostima.

Quando sei libero di esprimere la tua vera essenza, irradi una bellezza che è evidente a chiunque ti incontri.

Questo stato di benessere interiore è contagioso e trasforma non solo la tua vita, ma anche quella delle persone intorno a te.

La libertà di essere te stesso è un viaggio verso una bellezza autentica. Questa bellezza non ha bisogno di essere confermata dagli standard esterni perché nasce da una profonda accettazione di chi sei.

In un mondo che spesso ti spinge a conformarti, il vero coraggio sta nel vivere la tua autenticità.

Quando accogli questa libertà, scopri una bellezza che è unica e ineguagliabile: la tua!

Capitolo 5

I problemi che sai (e quelli che non sai) di avere

Pensa per un momento di entrare in una stanza piena di specchi, dove ogni riflesso rivela una versione diversa di te stesso. Alcuni di questi riflessi sono familiari, altri quasi irriconoscibili.

Ebbene: nel vasto e molte volte enigmatico mondo della consulenza d'immagine, questi riflessi possono sembrare infiniti, e spesso ci si ferma a quelli più evidenti: un taglio di capelli che non esalta, un guardaroba che non riflette chi siamo davvero, o un atteggiamento che non comunica la sicurezza desiderata.

Ma cosa succede quando si decide di andare oltre tutte queste superfici?

Cosa succede quando si sceglie di esplorare coraggiosamente le correnti sotterranee che influenzano non solo come ci vedono gli altri, ma anche come appariamo noi stessi ai nostri occhi?

In questo, che è quasi un "viaggio iniziatico" oltre la lastra di ghiaccio dell'apparenza, si possono scoprire dinamiche nascoste che modellano silenziosamente e potentemente la nostra immagine e l'autopercezione.

È chiaro, dunque, che non si tratta solo di estetica o di stile, ma di un autentico percorso di consapevolezza che coinvolge aspetti psicologici, emozionali e persino culturali.

Si analizzano, così, non solo i segnali visibili che si inviano al mondo, ma anche quei messaggi sottili e, nella maggior parte dei casi, inconsci che influenzano la percezione degli altri e, ancor più significativamente, la propria percezione di sé.

Attraverso esempi concreti, studi di casi e riflessioni profonde, si giunge a rivelare come le piccole sfumature del comportamento e della presentazione personale possano avere un impatto enorme sulla vita quotidiana e sulle relazioni.

Un atteggiamento appena accennato, una postura leggermente modificata, o un dettaglio dell'abbigliamento possono trasformare l'immagine in maniera inaspettata ed eclatante, aprendo la strada a nuove opportunità e migliorando profondamente ed efficacemente l'autostima.

È un invito, quello che ti sto rivolgendo, a guardare oltre lo specchio, a vedere ciò che è nascosto alla piena vista, e ad intraprendere un viaggio di trasformazione che va ben oltre l'apparenza superficiale.

Questo percorso può rappresentare un'opportunità per abbracciare una versione di te stesso che forse non hai mai davvero incontrato, una versione che incarna non solo ciò che desideri mostrare, ma anche ciò che autenticamente sei.

Nel momento in cui ti accingi, con consapevolezza e con determinazione, ad esplorare le profondità della tua immagine e della tua identità, ti si rivela una bellezza che non è solo visibile, ma anche sentita e vissuta.

Questo è il vero potere della consulenza d'immagine: non semplicemente migliorare l'apparenza, ma trasformare la percezione, illuminando la vera essenza di chi si è veramente.

Immagina il tuo aspetto esteriore come una sorta di iceberg: la parte visibile, quella che emerge dalle acque, è composta da elementi concreti come l'abbigliamento, l'acconciatura e il portamento.

Ma la parte sommersa, quella più grande, nascosta, invisibile e spesso trascurata, non di rado è costituita da insicurezze non riconosciute, da convinzioni limitanti e da atteggiamenti mentali intimamente radicati.

Questi elementi nascosti possono sabotare i tuoi sforzi più superficiali, impedendo, così, alla tua vera essenza di emergere.

Ti invito, perciò, a prendere in considerazione l'ipotesi di un simile viaggio di scoperta e di consapevolezza, un viaggio nel corso del quale ti troverai ad esplorare sia i problemi visibili che quelli più astutamente nascosti.

Attraverso esempi illuminanti, analisi dettagliate e suggerimenti pratici, potresti imparare a riconoscere e ad affrontare quelle aree meno evidenti del tuo essere, che potrebbero ostacolare la manifestazione del tuo pieno potenziale.

Non si tratta, perciò, come vedi, solo di migliorare il tuo aspetto esteriore, ma di intraprendere un vero e proprio percorso di trasformazione interiore che renda, alla fine, la tua immagine un riflesso autentico e potente di chi tu sei veramente.

Coloro che scelgono di intraprendere questa strada, sanno che dovranno prepararsi ad affrontare un'esplorazione di sé profonda e trasformativa.

Le scoperte che faranno lungo il cammino, infatti, potrebbero sorprenderle, ma rappresenteranno il primo passo verso una versione di se stessi più consapevole, più sicura e più radiosa.

Passo dopo passo, rivelazione dopo rivelazione, troveranno il sistema per demolire le barriere invisibili che impediscono loro di esprimere appieno il proprio potenziale.

L'obiettivo, come vedi, non è solo quello di "apparire" al meglio, ma di "essere", pienamente e consapevolmente, il meglio di te stesso, in un'armonia che risuoni dentro e fuori, creando una presenza memorabile e duratura.

Perché l'immagine più potente è quella che racconta una storia vera, la TUA storia, senza filtri né maschere.

E in quella autenticità, troverai la forza di brillare come mai avevi fatto prima.

La consulenza d'immagine può, dunque, essere paragonata, in molti casi, ad un viaggio trasformativo, che va ben oltre la superficie e tocca le corde più profonde della propria identità e della propria percezione di sé stessi.

Immagina, per un momento ancora, di guardarti allo specchio e di vedere riflessa una versione di te alla quale hai sempre aspirato, ma che non avevi mai saputo come raggiungere.

Questo è un processo oltremodo intenso, che non riguarda solo l'aspetto esteriore, ma anche il modo in cui ti senti e ti presenti al mondo.

Prenditi un momento per pensare a come dei piccoli cambiamenti possano fare una grande differenza nella tua vita quotidiana.

Spesso, si tratta di trovare i colori giusti che illuminino il tuo viso o i tagli di abiti che più valorizzino la tua figura.

Immagina di scoprire quali siano le tonalità che ti donano maggiormente, facendoti apparire più giovane e radioso.

Oppure di identificare quei capi di abbigliamento che, per la loro linea e per il tessuto di cui sono fatti, ti faranno sentire, non appena indossati, estremamente a tuo agio e molto più sicuro di te.

Questi sono dettagli, che possono sembrare insignificanti, o superficiali, ma che hanno, in realtà, un impatto enorme sulla tua autostima e sulla percezione che gli altri hanno di te.

Avrai capito, quindi, che la consulenza d'immagine non si limita a suggerimenti estetici.

È un'arte che comprende corpo e mente e che studia attentamente le modalità della comunicazione non verbale.

Attraverso l'analisi dei colori, delle forme e dei tessuti, puoi imparare come utilizzare questi elementi, nella maniera più efficace per essere assolutamente certo di riuscire a trasmettere il messaggio giusto.

Pensa a come un certo colore può influenzare l'umore delle persone intorno a te o a come un particolare stile di abbigliamento possa comunicare autorità, cordialità o creatività.

Questi aspetti sono fondamentali soprattutto in contesti professionali, dove la tua immagine può influenzare le relazioni e gli obiettivi che desideri raggiungere.

La consulenza d'immagine è profondamente personalizzata e pensata per adattarsi al tuo stile di vita, ai tuoi obiettivi e alle tue aspirazioni.

Voglio che ti sia ben chiaro che non esistono soluzioni universali, ma solo suggerimenti cuciti su misura per te e per il tuo modo di essere del tutto unico e personale. Ogni dettaglio diventa, così, parte di un linguaggio silenzioso che comunica al mondo chi sei veramente.

Ogni qualvolta aprirai il tuo guardaroba, troverai solo capi che ami, che ti fanno sentire potente e a tuo agio, e che rispecchiano in ogni sfaccettatura, la tua personalità.

Oltre a migliorare la tua immagine, questo processo può essere particolarmente utile in momenti di cambiamento significativo.

Perciò, che tu stia affrontando un avanzamento di carriera, un cambio di settore lavorativo, o un evento personale importante, il fatto di presentarti con un aspetto adeguato, sicuro o professionale può fare la differenza.

In questi momenti di transizione, sentirsi preparati e sicuri di sé può essere addirittura essenziale.

La consulenza d'immagine ti fornisce gli strumenti necessari per affrontare queste nuove sfide, garantendo che la tua immagine personale sia in linea con le tue nuove aspirazioni e i tuoi nuovi obiettivi.

Spessissimo, come ti dicevo, l'apparenza viene considerata una questione superficiale: la consulenza d'immagine considera quasi un dovere il ribaltare questa credenza, rivelandosi uno strumento potente per permetterti di esplorare e di manifestare il tuo potenziale nascosto.

È un percorso che ti aiuta a riscoprire te stesso, a liberare la tua vera essenza e a brillare della tua luce migliore.

Non si tratta solo di come appari, ma di come ti senti e di come il mondo ti vede.

Attraverso questo viaggio, potrai costruire un'immagine che non solo ti rappresenti, ma che ti faccia sentire autentico, sicuro e valorizzato.

Le problematiche fisiche che percepiamo, possono essere consce o inconsce: spesso non ci piacciamo e non ne conosciamo il motivo. Questa insoddisfazione, che serpeggia silenziosa nei nostri pensieri, nasce da un complesso intreccio di esperienze personali e di influenze culturali.

Ci confrontiamo continuamente con specchi che riflettono non solo il nostro volto, ma anche le aspettative irrealistiche imposte dalla società, con il risultato di amplificare le nostre insicurezze.

Immaginiamo di non essere mai abbastanza, che non riusciremo mai e poi mai a raggiungere quegli standard di bellezza che sembrano inarrivabili e perfetti.

Ma è nel tentativo di mascherare questi sentimenti che ci si perde davvero.

Spesso, ci si ritrova a nascondere le nostre insicurezze dietro maschere di apparente fiducia, spendendo energie immense per costruire facciate che proteggano la nostra vulnerabilità.

L'eccessiva cura dell'aspetto esteriore, l'evitamento di certe situazioni sociali, l'ossessione per l'esercizio fisico o il ricorso ad interventi estetici, diventano gli scudi contro un giudizio che temiamo ma che, spesso, arriva dall'interno di noi stessi più che da chi ci circonda.

Per cambiare davvero, dobbiamo iniziare un viaggio di scoperta e di accettazione.

È un viaggio che ci porta a guardare dentro di noi, ad esplorare le radici delle nostre insicurezze e a sfidare le narrazioni che ci sono state imposte.

La consapevolezza, come sempre, è il primo passo: riconoscere che i nostri sentimenti di inadeguatezza non sono verità immutabili, ma strutture mentali che possiamo demolire e ricostruire con amore e comprensione.

La terapia, in alcuni casi, può essere una guida preziosa in questo cammino, fornendo un aiuto inestimabile per svelare le profondità del proprio essere e per trovare nuove strade verso l'autoaccettazione.

Ma il vero cambiamento deve andare oltre l'individuo.

Sarebbe bello riuscire a creare una cultura che celebri la diversità e che riconosca la bellezza in tutte le sue forme.

Un mondo dove ogni corpo è visto come un capolavoro unico, dove i media e la moda rappresentano una gamma completa di esperienze umane, sfidando gli ideali limitanti e abbracciando la varietà della vita.

Ogni ambiente sociale può diventare luogo di supporto e di crescita, educando i giovani all'importanza dell'autostima e dell'accettazione del proprio corpo.

Potremmo veramente costruire un futuro in cui nessuno si senta mai meno di ciò che è, dove ogni persona possa guardarsi allo specchio e vedere non solo difetti, ma anche la forza, la resilienza e la bellezza autentica che risiede in ciascuno di noi.

In questo viaggio di riscoperta, intanto, possiamo trovare non solo noi stessi, ma anche una connessione più profonda con gli altri e dare il nostro contributo ad una società più empatica, inclusiva e straordinariamente umana.

È un futuro che possiamo immaginare e costruire insieme, dove ogni individuo è valorizzato e ogni voce viene ascoltata.

E in un simile futuro, potremmo finalmente liberarci delle catene dell'insoddisfazione e abbracciare la libertà di essere veramente noi stessi.

Nel corso della mia esperienza professionale, ho incontrato molte persone che hanno vissuto queste battaglie interiori.

Ogni storia è unica, ma tutte condividono un desiderio profondo di trovare pace e accettazione.

Il rapporto con la bilancia di Sara: Sara, 40 Anni, lavoratrice e Madre di due bellissimi bambini.

è venuta da me con un peso che non si posava solo sulla bilancia, ma anche e soprattutto sul suo cuore.

Ogni mattina, il numero che leggeva sul quadrante influenzava profondamente il suo umore e la sua autostima.

Ogni giorno doveva confrontarsi con il compito di recarsi in ufficio: non sapeva mai cosa indossare, ogni abito le sembrava inadeguato.

Mi raccontò di giornate intere rovinate da un solo grammo di differenza, di pasti consumati con senso di colpa e di una costante sensazione di fallimento.

Insieme, abbiamo intrapreso un viaggio di riscoperta, esplorando le radici di queste ossessioni.

Vorrei anche aggiungere che la consulenza d'immagine prescinde dal peso e dall'altezza: la bellezza è armonia in tutte le sue forme, si cerca di capire quale è il focal point e di raggiungere e di valorizzare il corpo, qualsiasi tipo di corpo, raggiungendo l'obiettivo desiderato.

Attraverso il dialogo empatico lo studio attento della sua immagine e l'esercizio della pratica dell'autoaccettazione, Sara ha iniziato a comprendere che il suo valore non era mai stato racchiuso in un numero.

Ha imparato a celebrare i suoi progressi interiori e ha riscoperto la gioia di vivere senza il fardello di una bilancia che dettava i ritmi della sua felicità.

Sara ha veramente trasformato la sua vita, scegliendo di nutrire la sua anima accettando ed imparando ad amare il suo corpo con tenerezza e non con giudizio.

Abbiamo creato insieme delle capsule colletion per il tempo libero e per il lavoro e, contemporaneamente, ho lavorato perché Sara imparasse a conoscere il suo corpo le sue caratteristiche fisiche e i suoi punti di forza.

L'ossessione per i social media di Laura: Laura, 24 Anni, era intrappolata all'interno di un mondo di perfezione artificiale, dove ogni "mi piace" rappresentava una boccata d'ossigeno e ogni commento negativo una pugnalata.

Un giorno mi chiamo Rita, sua madre, confidandomi l'estrema difficoltà che sperimentava nel relazionarsi con la figlia: ogni parola che la madre le rivolgesse, per Laura non aveva valore.

Laura era già seguita da uno psicoterapeuta che, in seguito ad una serie di incontri, consigliò a Rita di contattarmi.

Fu così che mi accinsi ad "intrufolarmi" nell'intimità di Laura, rispettosamente e a piccoli passi, cercando di conquistarmi la sua fiducia, giorno dopo giorno.

Ricordo una sera in particolare, durante la quale mi raccontò di aver passato ore a modificare una sua foto, cercando disperatamente di ottenere approvazione.

"Mi sentivo vuota, come se stessi perdendo me stessa," mi disse.

Insieme, abbiamo lavorato attivamente per limitare il suo tempo trascorso sui social e per ri-orientare la sua attenzione verso quelle relazioni e quelle attività che davvero le portavano gioia.

Abbiamo studiato a fondo la sua immagine, facendo sì che Laura imparasse a guardarsi con occhi nuovi, riconoscendo la bellezza nella sua autenticità piuttosto che nella perfezione artefatta.

Non è stato semplice, lo confesso: Laura pativa di una distorsione visiva riguardo al suo aspetto.

Abbiamo lavorato a lungo e duramente su questa problematica che la affliggeva da anni.

Eppure, nonostante le difficoltà, Laura ha imparato a trovare valore nelle sue imperfezioni, riuscendo a vedere in queste, la prova concreta della sua umanità e della sua unicità.

Oggi, Laura è una fonte di ispirazione per chiunque stia lottando con la propria immagine sui social media, dimostrando, ogni giorno, attraverso la sua esperienza, che la vera bellezza risiede nell'accettazione e nell'amore per se stessi.

Ecco perché affermo che la consulenza d'immagine rappresenta un viaggio trasformativo che va oltre la superficie, toccando le corde più profonde della nostra identità e del nostro essere.

È uno strumento prezioso che ti insegna a guardare il tuo riflesso e a vedere non solo l'immagine che gli altri percepiscono, ma anche e soprattutto la tua vera essenza.

Questo percorso ti aiuta a dire addio alle insicurezze che ti hanno trattenuto per troppo tempo, offrendoti supporto e strategie per scoprire ed abbracciare, finalmente la tua autenticità.

Io dico sempre che, ogni persona, dovrebbe regalarsi una consulenza d'immagine.

L'importanza di un'analisi approfondita effettuata da un esperto nella consulenza di immagine non può essere sottovalutata.

Ognuno ha esigenze e caratteristiche uniche che richiedono una valutazione accurata per far sì che la propria immagine venga valorizzata al meglio.

Un consulente di immagine esperto è in grado di condurre un'analisi dettagliata, considerando aspetti come la forma del viso, il colore della pelle, la struttura del corpo e lo stile personale.

Questa analisi approfondita consente di identificare i punti di forza e le aree di miglioramento, creando così una strategia personalizzata per migliorare l'aspetto complessivo.

Con una consulenza di immagine professionale basata su un'analisi accurata, è possibile ottenere una maggiore sicurezza in se stessi e proiettare all'esterno un'immagine autentica e positiva.

Non si tratta di conformarsi ad un ideale di bellezza imposto da altri, ma di scoprire cosa ti rende speciale e come puoi esprimere al meglio questa unicità.

Attraverso consigli su misura che riguardano l'abbigliamento, i colori e lo stile in generale, impari a mettere in risalto i tuoi punti di forza e a sentirti pienamente a tuo agio nella tua pelle.

È un processo intenso che va ben oltre l'aspetto esteriore.

La consulenza d'immagine ti insegna a comunicare con fiducia e con autenticità.

La tua postura, i tuoi gesti, l'espressione del tuo viso diventano strumenti potenti per rafforzare il messaggio che vuoi divulgare e per creare connessioni autentiche con gli altri.

Ogni consiglio, ogni suggerimento è pensato per aiutarti a sentirti non solo più bello, ma anche più sicuro e consapevole delle tue potenzialità.

Uno degli aspetti più straordinari di questo percorso è il modo in cui ci insegna ad amarci veramente.

Spesso, infatti, siamo proprio noi i nostri critici più severi, focalizzandoci su ciò che percepiamo come difetti piuttosto che celebrare le nostre qualità.

La consulenza d'immagine ci invita a guardare oltre le nostre insicurezze e a riconoscere il nostro valore intrinseco.

È un invito a volerci bene, a trattarci con gentilezza e con rispetto, a celebrare ogni piccolo passo verso una maggiore autostima.

In un mondo che spesso ci dice chi dovremmo essere, la consulenza d'immagine ci offre l'immenso beneficio della libertà di scoprire chi siamo veramente.

È un viaggio di auto-scoperta che ci porta a vedere noi stessi con occhi nuovi, a valorizzare il nostro essere unici e a vivere con più fiducia e consapevolezza.

Attraverso questo viaggio, impariamo che la vera bellezza risiede nell'abbracciare e nel godere della nostra individualità, creando un'immagine che non solo riflette il nostro aspetto esteriore, ma anche la nostra essenza interiore.

Questo ci permette di vivere una vita più piena, più autentica e più felice.

Capitolo 6

La trasformazione che non ti aspetti

Il modo in cui ti presenti può influenzare notevolmente le opportunità che ti vengono offerte e le modalità attraverso le quali vieni percepito dagli altri.

La capacità di riuscire a comunicare efficacemente il tuo valore e di migliorare la tua presenza in ogni contesto, può rappresentare una vera e propria sfida, la cui la meta finale è rappresentata dal superamento di tutta una serie di barriere che, fino a questo momento, ti hanno frenato.

Immagina cosa accadrebbe se, invece, riuscissi a sgretolare, una volta per tutte, queste barriere: ogni interazione sarebbe un'occasione per esprimere chi sei davvero, aprendo le porte a nuove possibilità e consolidando la tua credibilità.

La consulenza d'immagine non riguarda solo l'apparenza superficiale; è un viaggio profondo e trasformativo che permette di esprimere e comunicare la propria essenza, sia a livello personale che professionale.

In questo capitolo esploreremo le diverse tipologie di persone che possono trarre un beneficio inestimabile da questa disciplina, analizzando le loro esigenze uniche e le motivazioni profonde che le spingono a rivolgersi ad un esperto dell'immagine.

Visualizza un professionista che cerca di migliorare la propria presenza per trasmettere fiducia e autorevolezza, ottenendo finalmente quel riconoscimento tanto desiderato, durante certe riunioni cruciali e nelle presentazioni decisive.

Pensa ad una persona che, in seguito ad una separazione dolorosa, sente il bisogno di rinascere, di guardarsi allo specchio e di vedere riflessa una versione nuova e autentica di sé, capace di affrontare il mondo con rinnovata autostima.

Considera chi lavora nei media o nello spettacolo, dove un'immagine curata può trasformarsi in un marchio distintivo, in un segno inconfondibile della propria identità pubblica.

E non dimenticarti di chi, nel quotidiano, desidera sentirsi più sicuro e a proprio agio, trovando in un confronto riguardante stile e abbigliamento la chiave per riscoprire la gioia di piacersi e di esprimere la propria personalità con orgoglio.

La consulenza d'immagine offre a ciascuno di noi gli strumenti per raccontare la nostra storia attraverso il modo in cui scegliamo di apparire, rispondendo a bisogni diversi con soluzioni su misura che rispecchiano la nostra unicità.

È un cammino verso la consapevolezza di sé, verso l'affermazione del proprio valore e la celebrazione della propria bellezza autentica.

Lo studio dell'immagine non riguarda, infatti, solo l'apparenza, ma rappresenta un potente strumento di espressione e di comunicazione personale e professionale.

Che tu stia cercando di aumentare la tua visibilità nel mondo dello spettacolo, di rafforzare la tua autorevolezza come professionista o politico, o semplicemente di migliorare la tua fiducia in te stesso, un approccio su misura ti garantisce risultati straordinari, permettendoti di raggiungere nuovi livelli di autostima e di autorevolezza.

Comincia col prendere in considerazione il fatto che hai la piena possibilità di raggiungere il massimo del tuo potenziale e di riuscire a vedere riflessa la tua essenza autentica in ogni situazione.

È esattamente per raggiungere questo obiettivo che la tua unicità merita un approccio su misura, capace di utilizzare tecniche specifiche per esaltare la tua presenza scenica, il tuo impatto visivo nel lavoro e la tua credibilità pubblica.

Immagina come cambierebbe la tua vita se tu riuscissi a realizzare questa visione: costruiresti una versione di te stesso che rispecchia pienamente chi sei, migliorando la percezione che il mondo ha di te.

Ogni sguardo, ogni interazione, sarebbe un passo verso una nuova consapevolezza di te, rendendo visibile a tutti la tua forza interiore.

Se tu non dessi la giusta importanza a questo risultato, potresti rimanere intrappolato in una rappresentazione che non ti rende giustizia, con conseguenze negative sulla percezione che gli altri hanno di te, sulle tue dinamiche lavorative e sulla tua credibilità.

Non permettere che il potenziale straordinario che risiede in te rimanga nascosto.

Concediti, invece, la possibilità di brillare, di mostrare al mondo la vera versione di te stesso, con orgoglio e autenticità.

La scelta di rivolgersi ad un professionista può fare la differenza, permettendoti di costruire un'immagine di te estremamente curata e autentica. Questo ti permetterà di conquistare il successo che meriti, trasformando ogni opportunità in un passo verso la realizzazione dei tuoi obiettivi.

Ora voglio esplorare insieme a te le diverse tipologie di persone a cui è rivolta la consulenza d'immagine, analizzando le esigenze specifiche e le motivazioni che le spingono a rivolgersi ad un professionista del settore.

Capirai, così, come attraverso soluzioni personalizzate, potrai valorizzare la tua unicità e sentirti finalmente in sintonia con la rappresentazione di te che proponi al mondo.

Le tipologie di persone che si avvalgono di questo servizio sono diverse, ma sono tutte accomunate dallo scopo di ottimizzare la propria immagine per raggiungere i propri obiettivi professionali e personali.

Vediamo insieme chi sono coloro che maggiormente traggono beneficio da una consulenza d'immagine:

Professionisti

Se sei un Professionista e vuoi davvero dominare nel tuo campo, devi capire una cosa fondamentale: la tua immagine è il tuo biglietto da visita.

Non puoi permetterti di apparire mediocre se vuoi ottenere risultati straordinari.

Che tu sia un manager, un dirigente, un imprenditore, un avvocato o un medico, la tua presenza pubblica e il modo in cui ti presenti possono fare la differenza tra il successo e l'insuccesso.

Sentirsi sicuri di sé, comunicare con autorevolezza e presentarsi al meglio non sono solo dettagli, ma elementi cruciali che possono portarti al prossimo livello della tua carriera.

Investire nella tua immagine significa investire nel tuo successo.

Non sottovalutare l'impatto di una presentazione impeccabile.

Ogni volta che entri in una stanza, il modo in cui appari agli occhi degli altri, può influenzare le prime impressioni di tutti i presenti, può aiutarti a costruire relazioni e ad aprire porte che altrimenti rimarrebbero chiuse.

La prima impressione: il potere di un istante

Quando si tratta di creare un impatto duraturo, la prima impressione ha un potere straordinario.

In un istante, le persone formano giudizi e prendono decisioni basate su ciò che vedono o che percepiscono.

Questo è particolarmente vero quando si tratta di incontri personali o professionali.

Una prima impressione positiva può aprire porte e opportunità, mentre un'impressione negativa può chiuderle immediatamente.

È sorprendente quanto possiamo comunicare attraverso il nostro linguaggio del corpo, il tono della voce e l'abbigliamento.

Pertanto è essenziale essere consapevoli di come ci presentiamo agli altri, perché quella prima impressione può fare la differenza tra successo e fallimento.

I segreti per creare una prima impressione positiva

Per creare una prima impressione positiva, ci sono alcuni piccoli segreti che possono fare la differenza.

Innanzitutto, è importante avere cura della propria immagine personale: vestirsi in modo appropriato e decoroso, curare l'igiene personale e assumere un atteggiamento positivo.

Inoltre, è fondamentale essere sicuri di sé e mostrare fiducia nelle proprie capacità.

Mantenere un linguaggio del corpo aperto e positivo, come un sorriso genuino e una postura eretta, può aiutare a trasmettere fiducia e positività.

Infine, è essenziale ascoltare attentamente l'altra persona, dimostrando interesse e rispetto per le sue opinioni.

Mettendo in atto questi segreti, si può creare una prima impressione positiva che potrebbe avere il potere di aprire molte porte.

Lo studio della tua immagine ti aiuterà a creare una rappresentazione di te potente e coerente, che ti distingua dalla massa e ti faccia emergere come leader nel tuo settore.

Ricorda, non stiamo parlando di semplici miglioramenti superficiali, ma di trasformazioni strategiche che possono cambiare il corso della tua carriera.

Personaggi pubblici

La consulenza d'immagine è diventata una risorsa preziosa per chiunque voglia valorizzare e curare la propria presenza pubblica. Le celebrità sono le prime a comprenderne l'importanza.

Immagina una star del cinema che, ogni volta che appare su un red carpet, riesce a lasciare tutti a bocca aperta.

Questo non accade per caso: dietro c'è il lavoro attento e appassionato di un professionista che sa esattamente come esaltare ogni caratteristica della persona, creando un'armonia perfetta tra abbigliamento, trucco e atteggiamento.

Per le celebrità, essere costantemente sotto i riflettori può rivelarsi estenuante.

Ogni dettaglio viene scrutato e giudicato.

In una simile situazione, il consulente d'immagine diventa un alleato fidato, qualcuno che non solo capisce la moda, ed è continuamente aggiornato sulle ultime tendenze, ma che sa anche come far emergere la vera essenza di una persona, rendendola sicura e autentica.

È come avere accanto un amico che conosce tutti i tuoi punti di forza e sa esattamente come farli risplendere.

I personaggi televisivi, ad esempio, sanno che un aspetto curato può fare la differenza tra il conquistare o il perdere l'affetto del pubblico.

Un'immagine accurata li aiuta a trasmettere fiducia, autorevolezza e vicinanza, qualità essenziali per entrare nel cuore degli spettatori e per restarci.

È un lavoro di precisione, che richiede empatia ed una profonda comprensione della persona a cui è rivolto.

E poi ci sono le influencer dei social media, che vivono in un mondo dove l'immagine è tutto.

Per loro, la consulenza d'immagine è una chiave per costruire un brand personale forte e autentico.

Un look distintivo non solo attira follower, ma crea anche opportunità di collaborazione con marchi prestigiosi.

È come dipingere un quadro: ogni dettaglio, ogni colore, ogni pennellata conta, e ogni scelta deve riflettere la loro personalità unica.

In un mondo dove la percezione può diventare realtà, investire nella propria immagine significa, per le celebrità, investire nel proprio futuro.

È una scelta che va oltre l'apparenza, che parla di cura, di attenzione e di desiderio di autenticità.

È il segreto per brillare, non solo davanti agli altri, ma anche davanti a se stessi, sicuri e fieri di ciò che si mostra al proprio pubblico.

Lo studio dell'immagine, quindi, è diventata una risorsa indispensabile per chi vuole davvero fare la differenza nella propria presenza pubblica e, questo, anche i politici lo sanno bene.

Immagina un personaggio politico che riesce a trasmettere sincerità, autorevolezza e vicinanza ogni volta che appare in pubblico.

Questo può accadere grazie al lavoro appassionato e attento di un professionista dell'immagine che sa come far emergere il meglio da ogni dettaglio.

Per un politico, l'immagine pubblica è cruciale.

Ogni discorso, ogni apparizione televisiva, ogni incontro con i cittadini è un momento per creare un legame profondo e autentico con il pubblico.

Il professionista dell'immagine, in questo caso, diventa un prezioso "compagno di viaggio" che lavora per armonizzare l'abbigliamento, il linguaggio del corpo e la comunicazione non verbale con i valori e i messaggi che il politico vuole trasmettere.

Pensa ad un leader che si prepara per un dibattito elettorale.

La sicurezza, la calma e la determinazione che riesce a comunicare sono spesso il risultato di un lavoro di squadra con il suo consulente di riferimento.

L'immagine del politico è uno strumento fondamentale per conquistare consensi.

Nel contesto politico moderno, l'aspetto esteriore e la presentazione di un politico possono avere un impatto significativo sulla percezione dell'elettorato.

Un politico che si presenta in modo convincente e carismatico può suscitare fiducia e simpatia nel pubblico, influenzando così le decisioni di voto.

L'immagine del politico non riguarda solo l'aspetto fisico, ma anche il modo in cui comunica, si comporta e interagisce con gli altri.

Un politico che sa come costruire una buona immagine di sé può trasmettere autorevolezza, competenza e vicinanza alle esigenze della popolazione, aumentando così le possibilità di conquistare consensi e ottenere successo durante le campagne elettorali.

Il consulente d'immagine sa come scegliere i colori giusti, come suggerire la postura più efficace, e come creare un impatto visivo che rafforzi la credibilità e susciti sentimenti di fiducia.

Anche nei momenti di crisi lo studio dell'immagine può essere decisivo.

Un politico che affronta situazioni difficili con un aspetto rassicurante e composto può contribuire a mantenere la fiducia del pubblico e a comunicare un senso di controllo e di competenza.

È un lavoro che richiede una grande dose di empatia ed una profonda comprensione delle dinamiche umane, perché l'obiettivo è sempre quello di mettere in luce la parte migliore e più autentica della persona.

Investire nella propria immagine significa, per le figure politiche, investire nel proprio successo e nella propria integrità.

È una scelta che va ben oltre l'apparenza superficiale e che parla di un'attenzione sincera ai dettagli e di un desiderio genuino di connettersi con le persone.

È il segreto per distinguersi, sentendosi sicuri e fieri della propria immagine pubblica.

Lo studio dell'immagine è diventata una risorsa essenziale per chi vuole curare e valorizzare la propria presenza in pubblico e questo, anche gli imprenditori, lo capiscono bene.

Immagina un imprenditore che, ogni volta che si presenta ad una riunione, ad una conferenza o in un video promozionale, riesce a trasmettere professionalità, affidabilità e carisma e autorevolezza.

Anche per gli imprenditori, infatti, l'immagine pubblica è cruciale.

Ogni incontro con clienti, investitori e partner commerciali rappresenta un'opportunità per costruire fiducia e credibilità.

Un professionista dell'immagine diventa un alleato indispensabile, capace di armonizzare l'abbigliamento, la postura e la comunicazione non verbale con i messaggi e i valori che l'imprenditore vuole trasmettere.

Ti invito a rappresentarti mentalmente, per esempio, una giovane imprenditrice che sta per presentare la sua startup a un gruppo di investitori.

È nervosa, ma sa che ha un grande potenziale.

Grazie ad un attento lavoro sulla sua immagine, si sente sicura e a suo agio.

Indossa un abito che rispecchia la sua professionalità ma anche la sua personalità creativa.

La sua postura è sicura, il suo sorriso autentico.

Gli investitori percepiscono immediatamente la sua passione e la sua competenza, sentendosi ispirati a credere nel suo progetto.

Questo successo non è solo dovuto alla qualità della sua idea, ma anche alla fiducia che il suo aspetto e il suo comportamento riescono a trasmettere.

Anche nei momenti di sfida o di crisi, l'uso consapevole della propria immagine può fare una grande differenza.

Un imprenditore che affronta situazioni difficili con un aspetto composto e rassicurante può contribuire a mantenere la fiducia di dipendenti e investitori, trasmettendo un senso di controllo e competenza.

Spesso, si rivolgono alla consulenza d'immagine, anche persone che stanno attraversando momenti di grande cambiamento nella loro vita.

Raffigurati la sensazione di ricevere una promozione tanto attesa: improvvisamente, ti trovi a dover rappresentare un ruolo di maggiore responsabilità e visibilità e il tuo aspetto diventa una parte fondamentale di questa nuova realtà.

Oppure pensa al coraggio necessario per cambiare carriera: una nuova direzione professionale richiede non solo competenze diverse, ma anche un'immagine che ti faccia sentire sicuro e pronto per nuove sfide.

E poi ci sono gli eventi personali, come, ad esempio, un matrimonio, un ricordo che rimarrà per tutta la vita, e per questo vuoi che tutto sia indimenticabile, che richiede che ogni dettaglio, incluso il tuo look, sia perfetto.

La consulenza d'immagine non è solo un servizio; è un viaggio che affrontiamo insieme per riscoprire e valorizzare la tua unicità, aiutandoti a brillare in ogni nuovo capitolo della tua vita.

Aziende

Quando parlo di servizi di consulenza d'immagine, non mi riferisco solo ad individui, ma anche a numerose aziende ed organizzazioni che comprendono profondamente l'importanza di un'immagine professionale di forte impatto.

In un contesto competitivo come quello attuale, l'immagine aziendale gioca un ruolo fondamentale nel successo e nella reputazione di un'azienda.

Un consulente di immagine può fare una grande differenza, anche nell'ambito del team building.

Grazie alla sua expertise nel settore, può aiutare le aziende a creare un'immagine forte e coesa, che si rifletta in maniera positiva sia internamente che esternamente.

Un consulente d'immagine può lavorare con i dipendenti per migliorare la loro immagine personale, fornendo consigli su abbigliamento, acconciatura e trucco.

Inoltre, può organizzare sessioni di formazione riguardanti il team building, incoraggiando la comunicazione efficace tra i membri del team.

Ricordati sempre, infatti, che il miglior biglietto da visita di un'azienda sono i suoi dipendenti.

Tutto questo contribuisce a creare un ambiente di lavoro armonioso e motivante, con il risultato di aumentare la produttività e il successo complessivo.

Pensa ad un'azienda che desidera non solo crescere, ma anche distinguersi in un mercato sovraffollato: sa che ogni interazione con clienti e partner può rafforzare o indebolire la percezione del suo brand.

Per questo, investire nella consulenza d'immagine significa assicurarsi che ogni suo dipendente e rappresentante incarni i valori e la Mission aziendale, trasmettendo fiducia e professionalità.

Pensa a quanto possa essere potente avere un team che non solo lavora bene, ma appare anche coeso e sicuro di sé, capace di costruire relazioni solide e positive con i clienti.

Non è solo una questione di apparenza, ma di creare un ambiente dove ognuno si senta parte di qualcosa di più grande, contribuendo ad un'atmosfera lavorativa armoniosa e produttiva.

Le aziende che scelgono di investire nella consulenza d'immagine mostrano un impegno sincero verso l'eccellenza e la cura dei dettagli, dimostrando di capire che ogni singolo aspetto può fare una differenza enorme nel raggiungimento del successo.

Non stiamo parlando di semplici miglioramenti superficiali, ma di trasformazioni strategiche che possono cambiare il corso dello sviluppo aziendale.

Queste organizzazioni sanno che migliorare l'immagine dei loro dipendenti o rappresentanti non solo rafforza il brand aziendale, ma migliora anche le relazioni con i clienti.

È il segreto per distinguersi in un mercato competitivo e per creare un legame duraturo e positivo con il pubblico.

Chiunque desideri un miglioramento personale

Chi si rivolge alla consulenza d'immagine non cerca solo di migliorare il proprio aspetto esteriore, ma vuole anche sentirsi più sicuro e a proprio agio con la propria immagine e con il proprio stile.

Capisci, dunque, che non è solo una questione di estetica, ma un qualcosa di più grande, che riguarda fortemente il fatto di ritrovare fiducia in se stessi e nel proprio valore.

Immagina il potere di un nuovo taglio di capelli che ti fa sentire finalmente a tuo agio, o di un guardaroba che ti permette di affrontare ogni giornata con eleganza e sicurezza.

Intraprendere questo percorso significa abbracciare una trasformazione che va oltre l'apparenza, per toccare profondamente il cuore della tua sicurezza e del tuo benessere interiore.

Sto parlando di un investimento su te stesso che ti permetterà di affrontare le sfide della vita con una nuova energia e una incrollabile determinazione.

Ogni dettaglio conta, e ogni miglioramento può fare una differenza enorme nel modo in cui ti senti e ti presenti agli altri.

Queste categorie che ti ho citato, possono variare, ma in generale, chiunque voglia presentarsi al meglio in diverse situazioni personali o professionali può beneficiare dei servizi di un esperto dell'immagine.

Non importa se sei un professionista, un imprenditore, una celebrità o semplicemente qualcuno che vuole sentirsi meglio con sé stesso: lo studio della tua immagine rappresenta la chiave per esprimere al meglio il tuo vero potenziale e raggiungere i tuoi obiettivi con sicurezza e con stile.

Quali sono i principali problemi che lo studio dell'immagine può aiutarti a risolvere

Le persone che si rivolgono a me, molto spesso lo fanno perché si rendono conto di non sentirsi a proprio agio con se stesse.

Si tratta, molte volte, di una questione di insicurezza e questa è, generalmente, la difficoltà primaria sulla quale mi focalizzo per fare la differenza.

Insieme, infatti, possiamo trovare l'outfit giusto, tenendo conto dello stile personale e delle esigenze di ognuno.

L'obiettivo principale è sempre quello di aiutarle a sentirsi più sicure di se stesse.

Voglio fortemente che ti sia chiaro che non si tratta solo di una banale "questione di vestiti", ma di sviluppare la tua unicità, di consentirti di amarti di più e di apprezzarti per ciò che sei.

Non di rado, mi capita di collaborare con professionisti per fornire loro gli strumenti per migliorare la comunicazione non verbale, strumenti che si rivelano particolarmente utili, soprattutto in caso di conferenze o di incontri di lavoro.

La sicurezza che vado a creare, riguarda non solo l'abbigliamento, ma anche il comportamento, l'atteggiamento e il loro lessico.

In tanti desiderano cambiare o rinnovarsi: mi è capitato di lavorare con persone che venivano fuori da periodi particolarmente complessi e avevano la necessità e la voglia di rimettersi in gioco, o con persone che si trovavano ad affrontare una nuova fase della propria vita, del tutto differente da quanto avevano sperimentato fino a quel momento.

Se ti trovi in situazioni sociali diverse dal tuo contesto abituale e non sai come comportarti, sappi che è assolutamente possibile lavorare su questi aspetti.

Lo studio dell'immagine, infatti, ti insegna anche come approcciarti a nuove persone e a nuovi ambienti e come relazionarti con diversi tipi di interlocutori.

Quando ti sentirai a tuo agio con il tuo abito e con il tuo portamento, la tua comunicazione diventerà più efficace, trasmettendo sicurezza e un atteggiamento positivo.

Le persone intorno a te percepiranno questa sicurezza e ne saranno influenzate favorevolmente.

È un modo importante ed estremamente proficuo di investire su te stesso per far sì che ogni piccolo cambiamento possa portare a grandi risultati facendo emergere il meglio di te.

Riflessi di Carriera: Storie di Vita e Lavoro

Rinnovamento di stile e negozio: Lorenzo, 42 Anni

Lorenzo gestisce una catena di boutique di lusso.

Era, da sempre, consapevole di quanta importanza rivestisse l'immagine, ma, allo stesso tempo, era stanco del solito total black.

Sentiva che era giunto il momento di cambiare. Il suo desiderio era quello di creare un ambiente, all'interno dei suoi negozi che fosse non solo elegante, ma che facesse sentire il cliente accolto e a proprio agio.

Lorenzo ed io iniziammo così a lavorare insieme.

Cominciammo col sederci l'una di fronte all'altro per fare insieme il punto della situazione.

Dopodiché, trascorsi tre giorni interi all'interno dei suoi negozi, in modo tale da poter individuare le problematiche che secondo il mio parere, potevano essere migliorate e gli aspetti che necessitavano di un rinnovamento.

Insieme a Lorenzo e ai suoi collaboratori, esplorammo e valutammo nuove idee di comunicazione particolarmente efficaci e differenti combinazioni di stili.

Scegliemmo di optare per un look smart casual, un mix perfetto di eleganza e di accessibilità.

Ogni elemento venne scelto con estrema cura, dai tessuti ai colori, allo scopo di creare un'atmosfera che riflettesse la filosofia della sua attività.

Demmo vita ad un ambiente che risultava immediatamente accogliente e confortevole per i clienti, con una disposizione adeguata delle collezioni e degli accessori e con un'illuminazione piacevole.

Lavorai intensamente anche con tutti i membri dello staff lavorativo di Lorenzo, spiegando loro l'importanza fondamentale della cortesia, dell' empatia e della disponibilità nei confronti della clientela.

Stabilimmo, inoltre, che potesse essere particolarmente utile offrire servizi aggiuntivi come, ad esempio, la possibilità di ottenere una consulenza personalizzata per migliorare l'esperienza di acquisto.

Feci capire a Lorenzo quanto fosse essenziale mantenere una comunicazione chiara e trasparente con i suoi dipendenti, come le regole dovessero essere spiegate in modo limpido e comprensibile e i dubbi o i disagi dei clienti dovessero essere affrontati prontamente, con efficienza e cortesia.

Implementando queste strategie, Lorenzo ottenne ciò che desiderava: un'atmosfera elegante, ma imperniata sull'accoglienza, per i suoi negozi e clienti felici, predisposti favorevolmente all'acquisto.

Il risultato? Le boutique iniziarono a respirare una nuova energia.

I dipendenti si sentivano più sereni e a proprio agio e questo stato d'animo si rifletteva nei sorrisi con i quali accoglievano la clientela.

I clienti stessi, entrando nei negozi, percepivano un ambiente più umano e accogliente, che li faceva sentire, in qualche modo, "a casa".

Non si trattò solo di un cambiamento estetico, ma di un vero e proprio rinnovamento dell'esperienza di acquisto.

E la soddisfazione più grande, credimi, fu la mia.

In molti casi, la presenza di troppe regole all'interno di un ambiente lavorativo ostacola la comunicazione e genera disagio. La conseguenza può essere una mancanza di connessione tra l'azienda e il cliente.

Le regole e le procedure aziendali sono ovviamente necessarie per garantire un funzionamento efficiente, ma quando diventano eccessive possono creare una barriera che impedisce una comunicazione efficace.

Questo stato di cose, può generare frustrazione e disagio che si riflettono sul personale del negozio e, conseguentemente, sulla clientela.

È, perciò, particolarmente importante riuscire a trovare un equilibrio tra le regole necessarie ed una certa flessibilità, essenziale per favorire una comunicazione aperta e sincera.

In questo modo è possibile realizzare un ambiente di lavoro più accogliente e positivo che favorisca ed implementi la sensazione di fiducia e il benessere del cliente.

L'importanza dell' empatia nell'accoglienza al cliente

L'importanza dell'empatia nell'accoglienza al cliente è fondamentale per creare un ambiente positivo e accogliente.

Quando i clienti si sentono ascoltati e compresi, si instaura automaticamente un legame di fiducia che favorisce una comunicazione efficace.

L'empatia permette di comprendere le esigenze e le emozioni dei clienti, consentendo di offrire soluzioni personalizzate e di anticipare i loro bisogni.

Questa capacità di mettersi nei panni del cliente contribuisce a rendere l'esperienza di acquisto più piacevole e gratificante.

Inoltre, l'empatia dimostrata verso i clienti crea un clima piacevole e positivo che può influenzare favorevolmente la loro decisione d'acquisto e incrementare la fidelizzazione.

Pertanto, è essenziale che il personale di accoglienza sviluppi questa competenza per garantire il successo dell'interazione con i clienti.

Dallo Sport ad imprenditore: La Nuova Vita di Manuel, 52 Anni, Pallavolista italiano

Manuel è un ex atleta che ha passato anni a competere ai massimi livelli, accumulando vittorie e affrontando ogni sfida con impegno e determinazione.

Il suo era sempre stato uno stile sportivo per esigenze di rappresentanza d'immagine della squadra.

ha trascorso buona parte della sua vita in versione sportiva, indossando, praticamente sempre, tute o completi con il logo della squadra, in aereo e per le trasferte.

Durante il suo tempo libero, il massimo dell'eleganza, per Manuel, era rappresentato da blazer camicia bianca e jeans.

Quando si presentò l'importante opportunità di reinventarsi completamente e trasformarsi in imprenditore, si rese immediatamente conto che la sua immagine non rispecchiava più la sua nuova carriera.

Si ritrovò, così, alla ricerca di un qualcosa che raccontasse la sua storia saldando, in maniera naturale e coerente, il suo passato sportivo con la sua nuova identità imprenditoriale.

Manuel arrivò da me, in cerca di consigli su come ridefinire il suo stile.

Trascorremmo diverse ore facendomi raccontare nel dettaglio le sue esperienze, i suoi sogni e come desiderasse essere percepito in quel momento così particolare della sua vita.

Studiammo insieme il suo focal point, i suoi obiettivi, cosa avrebbe voluto ottenere tramite la consulenza d'immagine.

In seguito a questo intenso ed accurato brain storming, stabilimmo di dare vita ad uno stile che fondesse la sua forza e la sua determinazione atletica con l'eleganza e la professionalità richieste dal suo nuovo ruolo professionale.

Ogni dettaglio venne curato con la massima attenzione: scegliemmo tessuti che parlassero di qualità e di resistenza, colori che evocassero fiducia e accessori che aggiungessero un tocco di ricercatezza.

Devo anche aggiungere che grazie alla sua risolutezza e al suo impegno, Manuel è riuscito a trasformare la sua passione per lo sport in una carriera di successo nel mondo degli affari.

Insieme, abbiamo creato un suo stile, unico e inconfondibile, che lo ha facilitato anche nel rapportarsi con le persone, sia a livello personale che professionale, permettendogli di costruire solide relazioni con personaggi di alto livello e con altri imprenditori.

Con Manuel ho lavorato molto anche sullo sviluppo di doti, quali la comprensione immediata e intuitiva delle esigenze e delle aspettative degli altri, cosa che gli ha consentito di sviluppare partnership vantaggiose e di raggiungere risultati eccezionali nel suo settore.

Manuel ha dimostrato chiaramente che con una mentalità imprenditoriale e una grande determinazione, è possibile trasformare le proprie passioni e i propri talenti in una carriera di successo.

Ma ha compiuto anche un'incredibile transizione da atleta ad imprenditore.

Ed è esattamente ciò che ho pensato fin dal primo momento in cui decisi di accettare la sfida, poiché di sfida si trattava: il percorso di trasformazione da sportivo ad imprenditore, richiede un'evoluzione che riguarda non solo il campo professionale, ma anche l'aspetto personale e la modalità di approccio con gli altri.

Lo stile e la personalità di un individuo giocano un ruolo cruciale nell'immagine che si vuole proiettare in quanto imprenditore.

Il carisma e la sicurezza sono qualità fondamentali per instaurare rapporti positivi con gli imprenditori di successo.

È importante saper comunicare in modo efficace, dimostrando competenza e assertività.

Inoltre, è essenziale mostrare un'immagine personale impeccabile, curando adeguatamente l'abbigliamento e l'aspetto fisico.

Tutti questi elementi contribuiscono alla creazione di una reputazione solida e al consolidamento della propria presenza nel mondo degli affari.

Il team di Manuel, ispirato dalla sua trasformazione, a tutt'oggi, adotta uno stile che rispecchia la nuova identità

Ogni membro si sente parte di una squadra unita, dove professionalità e passione si incontrano.

Ancora adesso, di tanto in tanto, incrocio Manuel in un caffè nel centro di Milano.

Il suo sguardo è decisamente cambiato da quando entrò per la prima volta nel mio ufficio milanese.

Ad ogni nuovo incontro, mi sembra più determinato e sicuro.

Lui non manca mai di farmi notare le differenze tra il "prima" e il "dopo" il nostro sodalizio professionale, differenze riguardanti il suo aspetto e la sua maniera di comportarsi. Scherziamo, a questo proposito e ne ridiamo insieme. Chiacchieriamo amabilmente e apprezziamo la confidenza reciproca che la nostra collaborazione ha consentito che si instaurasse tra di noi.

ancora oggi mi ringrazia con riconoscenza ed io, dentro di me, avverto un palpito di commozione, perché niente mi rende felice quanto il vedere la soddisfazione negli occhi di chi mi guarda, sapendo di aver avuto una parte importante nel raggiungimento del suo successo.

Lasciami dire che, questo, è uno degli aspetti del mio lavoro che amo particolarmente: tramite il percorso di consulenza d'immagine si vengono a creare, tra me e i miei clienti, inevitabilmente, rapporti di fiducia, di considerazione e di stima che si perpetuano nel tempo.

Come ripeto, non si tratta mai solo di abiti, ma di costruire un'immagine complessiva che sia in grado di raccontare una storia.

Una Rinascita Silenziosa: Il Percorso di Autostima di Giulia, 56 Anni, impiegata e mamma di 3 figli

Giulia è una donna dotata di una bellezza naturale, con due perle blu negli occhi, ma anche con una profonda insicurezza riguardo al suo aspetto che, mi resi con fin dal primo sguardo, offuscava il suo splendore.

Ogni volta che si guardava allo specchio, si concentrava sui suoi difetti piuttosto che sui suoi punti di forza.

Aveva, è vero, accumulato qualche chilo di troppo, ma con l'avanzare dell'età e dopo tre figli direi che fosse una condizione più che comprensibile.

Se poi aggiungiamo al quadro d'insieme una vita frenetica e lo stress quotidiano, ecco che ci si accorge che il cadere nella tentazione di rifugiarsi nel cibo, è questione di un attimo.

Soprattutto in determinate fasi della vita, il cibo funge da gratificazione, e vi si ricorre come se ci si stesse approcciando all'ultimo boccone della nostra vita!

Così, quasi senza che le persone se ne rendano conto, ecco che la lancetta della bilancia sale e lo stress aumenta.

il loro percorso di vita non le soddisfa più, e comincia una fase dominata da paure e da insicurezze.

Questa fase è esattamente quella che stava attraversando Giulia.

E la percezione negativa che aveva di sé stessa non solo la frenava nella vita quotidiana, ma cominciava a minare anche la sua carriera professionale.

Un giorno, quando ormai si sentiva giunta al limite, decise di affrontare, finalmente, la situazione e cercò qualcuno con cui poter parlare e dal quale ricevere consigli pratici.

Si confidò, così, con le sue colleghe ed una di queste le fece il mio nome, che aveva recentemente letto su qualche testata di moda, se non ricordo male, in quel periodo, girava un mio articolo su Marie Claire.

Giulia fece il suo ingresso nel mio ufficio di via Monte Napoleone a Milano e quel primo appuntamento fu all'insegna di una lunga conversazione che, fin dal primo istante, prese una piega profondamente introspettiva.

Da quel momento, cominciammo a lavorare insieme per capire come esaltare al meglio la sua bellezza unica.

Non si trattava, in quel caso, di una questione di trasformazione radicale, ma di effettuare piccoli cambiamenti mirati, andando ad agire su dettagli che, era chiaro, venivano trascurati da tempo.

Il primo passo fu quello di individuare un taglio di capelli che valorizzasse i suoi tratti distintivi, regalando una maggiore armonia al suo volto.

In seguito, con lo studio dell'armocromia scoprimmo i suoi colori di riferimento: ne emerse un bellissimo Winter Bright, davvero particolare.

Successivamente, elaborammo un make up leggero, che valorizzasse pienamente il suo sguardo e il suo incarnato.

Con il supporto del suo beauty look tutto nuovo, Giulia cominciò a scoprire una versione diversa della se stessa riflessa nello specchio: colei che le sorrideva era una donna più fresca, decisamente più sicura.

Questo primo, piccolo, cambiamento esteriore le fornì il coraggio di avventurarsi nell'esplorazione anche altre aree della consulenza di immagine, coraggio che aumentava di pari passo con la fiducia crescente nei miei confronti.

Permettimi una breve digressione: la consulenza è composta da piccoli passi e da molta pazienza, ma anche di grandi ed estremamente soddisfacenti risultati.

Tornando a Giulia, decidemmo di compiere un nuovo step e di accingerci a rivedere interamente il suo guardaroba, eliminando alcune capi ed inserendone altri che funzionassero tra di loro ma, che fossero anche in palette con i colori di riferimento di Giulia.

Non si trattava, ripeto, di rivoluzionare tutto, ma di fare piccoli aggiustamenti: scegliere colori che illuminassero il suo incarnato e tagli che esaltassero la sua figura.

Ogni scelta venne effettuata con cura, nessun dettaglio fu trascurato.

Con il passare del tempo, Giulia cominciò a percepire non solo una trasformazione esteriore, ma anche un cambiamento profondo nel suo stato d'animo.

E tengo a precisare che, durante l'intero percorso compiuto insieme, Giulia non aveva perso peso… Aveva, però, aumentato fortemente la consapevolezza di sé, atteggiamento assolutamente positivo che finì col riflettersi anche nella sua vita professionale.

Le sue presentazioni ridiventarono più sicure, le interazioni con i colleghi più fluide. La fiducia che emanava era tangibile, e chi la circondava non poté fare a meno di notare il cambiamento.

Già: il cambiamento.

Il "cambiamento" di Giulia non fu un miracolo improvviso, ma una serie di piccoli, significativi passi che la portarono a riscoprire la sua autostima.

La sua storia dimostra che, a volte, è sufficiente guardare le cose da una prospettiva diversa e compiere piccole azioni per ottenere quello che viene percepito come un grande cambiamento nella propria vita.

Per tutti questi motivi, dico che il mio lavoro va oltre l'aspetto esteriore.

Mi permette di aiutare le persone a sentirsi bene con se stesse e a ritrovare fiducia ed autostima.

Che tu sia un professionista che vuole migliorare la propria immagine o, semplicemente, una persona che desidera ritrovare il proprio splendore, ciò che faccio è supportarti con tutta me stessa in questo percorso.

Il Risveglio di Anna, 41 Anni, due figli. Un Viaggio Interiore

Anna era una casalinga da manuale, sempre pronta a prendersi cura della sua famiglia con dedizione e amore.

Ogni mattina si svegliava presto per assicurarsi che tutto fosse in ordine, si occupava della preparazione dei pasti e gestiva la casa con una precisione maniacale.

Tuttavia, dietro questi suoi gesti quotidiani, si nascondeva un senso di insicurezza ben celata e un'ombra di insoddisfazione.

Anna aveva dimenticato quanto fosse importante prendersi cura anche di se stessa.

Venne da me, spinta da un'amica.

Avevamo appuntamento verso l'ora di pranzo, lo ricordo bene perché mi spiegò che quell'orario era perfetto per lei, poiché i ragazzi erano a scuola e il marito non sarebbe rientrato prima dell'ora di cena.

Non sapeva esattamente cosa aspettarsi, ma sentiva che era giunto il momento di fare qualcosa per se stessa.

Così, con un misto di timore e di speranza, cominciò a raccontarmi, inaspettatamente, non le sue esigenze, bensì quanto fosse fortunata ad avere una famiglia meravigliosa, un marito adorabile e dei figli intelligenti ed autonomi.

C'era decisamente qualcosa che non mi tornava.

La lasciai libera di parlare, l'ascoltai attentamente e capii, infine, che Anna non aveva il coraggio di chiedere aiuto.

Così decisi di fare il primo passo: la spinsi a guardarsi nello specchio presente nel mio studio e le chiesi che cosa vedesse.

"Una madre" fu la sua prima risposta.

Le riproposi la domanda, chiedendole di osservare con più attenzione.

"UNA DONNA!" fu la risposta che le salì da cuore.

Io sorrisi: esattamente.

Credo fermamente nel dato di fatto che tutte noi, prima di essere mogli e madri, siamo Donne.

E con questo spirito, oltre che con occhi nuovi, cercando di capire chi fosse davvero Anna al di là del suo ruolo di madre e di moglie, riprendemmo il nostro percorso di consulenza.

Lavorammo delicatamente sulla sua parte emotiva.

Le spiegai l'importanza del ritagliarsi dei piccoli spazi tutti per lei, di coltivare una passione chiusa e dimenticata nel cassetto.

Da lì, passammo all'analisi della comunicazione non verbale e proseguimmo con piccole modifiche nel suo guardaroba.

Scegliemmo abiti che riflettessero la sua personalità, colori che illuminassero il suo volto e tessuti che la valorizzassero.

Anna cominciò a vedere una versione di sé più sicura e radiosa.

Ma la vera trasformazione avvenne nella sua parte più profonda.

Durante questo nostro percorso, Anna imparò a riconoscere il proprio valore, incomincio a riservarsi i propri spazi e riprese in mano tela e pennello, facendo riemergere una passione che aveva fin da ragazza: dipingere.

Ma soprattutto imparò a celebrare i suoi piccoli successi quotidiani, con la consapevolezza dell'importanza di rivalutarsi e di riprendersi la propria identità.

In questa nuova fase della sua vita, ogni sorriso che riceveva dai suoi cari, ogni sguardo di ammirazione, le ricordava quanto fosse preziosa.

Pian piano, Anna iniziò ad incedere con una nuova sicurezza, sentendosi finalmente a suo agio nella propria pelle.

Chi le stava vicino, naturalmente, notò il suo cambiamento.

Le sue amiche, le vicine di casa, i suoi figli e suo marito cominciarono a vedere in lei una persona più solare.

Anna non era cambiata solo esteriormente, ma era diventata una donna più forte e consapevole del proprio valore.

Anche il viaggio di Anna non fu solo una questione di miglioramento esteriore, ma soprattutto di riscoperta interiore.

Non si trattava di stravolgere la sua vita, ma di mettere in atto piccoli, sebbene importanti cambiamenti che le permettessero di riscoprire la sua essenza, di alimentare la sua autostima e di trasformare il modo in cui vedeva sé stessa.

La sua storia dimostra che a volte, prendersi cura di sé è il primo passo per poter donare ancora più amore e forza alle persone importanti della nostra vita.

La consulenza d'immagine, dunque, non è solo un intervento estetico, ma un vero e proprio cammino di crescita personale e professionale che può arricchire e trasformare profondamente la vita di chi decide di intraprenderlo.

Con una strategia ben pianificata e con un impegno costante, i risultati non solo si vedono, ma si "sentono", creando un impatto positivo e duraturo su ogni aspetto della vita.

Ipotizza una donna che riveste un'importante carica politica, immersa in uno stile di vita incredibilmente frenetico.

Viaggia spesso e ha un bisogno costante di nuovi outfit.

Ma nonostante il suo ruolo di grande potere, non deve per forza vestirsi come Hillary Clinton.

Certo, è una donna potente ed ha bisogno di essere percepita con rispetto e di trasmettere un'immagine sicura e decisa, ma, non per questo, è costretta a rinunciare al suo stile personale.

Essere elegante non significa ostentare un logo famoso. Il vero stile si trova nei piccoli dettagli, negli abbinamenti curati.

La donna della quale stiamo raccontando, per esempio, ha uno stile classico e raffinato.

Lucia, Mamma di un figlio.

La sua palette primaverile si esprime al meglio con colori come il corallo, l'arancio e il verde, che la valorizzano splendidamente.

Ogni outfit che le ho proposto, non solo esalterà la sua bellezza naturale, ma si armonizzerà perfettamente con i colori del suo viso e dei suoi capelli.

Non è necessario che indossi il classico tailleur blu per apparire autorevole.

Anche con un completo color corallo, la sua presenza emana autorità.

E sono orgogliosa di affermare che lei stessa è diventata un'artista degli abbinamenti: le bastano dieci capi, tutti combinabili tra loro in modo armonioso grazie ai colori caldi e brillanti.

Ogni volta che entra in una stanza, la sua sicurezza e la sua personalità brillano inevitabilmente, donna energica e carismatica, io l'ho sempre trovata bellissima, sin dal primo giorno che entrò nel mio studio di Milano.

Ricordo come se fosse ora che indossava un Twin set blu con dei fiori in contrasto.

Il mio occhio esperto notò immediatamente che il capo era stato scelto con cura e che era, comunque, un capo raffinato, ma che, ciò nonostante, non valorizzava minimamente il suo incarnato e la sua personalità.

Lucia venne da me con tanta voglia di cambiare.

Così incominciammo il nostro percorso apportando, fin dal primo momento, notevoli cambiamenti.

Ricordo ancora benissimo la sua cabina armadio: un mix di capi pregiati, ma che non la identificavano per niente.

Percepii chiaramente la confusione dovuta al non riuscire a riconoscere il suo stile.

Bisogna dire che Lucia cambiava spesso città ed affrontava numerosi trasferimenti all'estero.

Questa situazione non la aiutava, poiché, non di rado le culture diverse e le frequentazioni con tante persone disuguali, possono far inciampare nella scelta di adottare capi che non ti appartengono, creando un po' di confusione e una certa indecisione di stile.

Non posso fare a meno di sorridere pensando a lei e alle nostre chiacchierate a questo proposito...

Come tante donne, Lucia gestisce con grazia una miriade di ruoli: madre, professionista, viaggiatrice.

Nonostante le sfide quotidiane, riesce a far fronte a tutto con una naturalezza e sicurezza, che stupisce chiunque la incontri.

Questa sua capacità di conciliare tutto le conferisce un'autorevolezza che ispira chi la circonda.

Luca, 58 Anni

Ora, considera un armatore che noleggia yacht e intrattiene clienti di alto profilo, inclusi VIP di oltreoceano.

Chiaramente, vive un'esistenza unica e affascinante.

Trascorrendo molto tempo a bordo e visitando luoghi di prestigio, ha la necessità di mantenere uno stile adeguato ma, nello stesso tempo, pratico.

Non può indossare giacca e cravatta, poiché il suo ambiente richiede un abbigliamento più rilassato.

Tuttavia, uno stile smart casual è fondamentale, e la scelta accurata di tessuti e colori gioca un ruolo cruciale.

È questa attenzione ai dettagli che lo distingue e crea un'impressione costante e persistente, dimostrando che anche nel mondo del lusso il comfort e l'eleganza possono convivere armoniosamente.

Ho scelto di farti tutti questi esempi per dirti che è inevitabile che, nella tua vita, arrivino momenti in cui ti guardi allo specchio e senti che l'immagine riflessa non ti rappresenta più.

È una sensazione sottile, una sorta di inquietudine che cresce piano piano, finché diventa chiaro che è arrivato il momento di una trasformazione.

In queste fasi così particolari, la consulenza d'immagine può essere una guida preziosa e rassicurante.

Non si tratta solo di cambiare il tuo aspetto esteriore, ma di intraprendere, fiduciosamente, un viaggio di scoperta e di rinnovamento interiore.

Con il supporto di un esperto, potrai esplorare chi sei veramente e come mostrarti al mondo, riscoprendo la gioia di sentirti autentico e sicuro di te stesso.

Ogni dettaglio, dal guardaroba al modo di portare i capelli, diventa un mezzo per esprimere la tua essenza più profonda.

Così, la trasformazione non è solo esteriore, ma il riflesso di un nuovo equilibrio e di una rinnovata consapevolezza di te stesso.

La consulenza d'immagine è un viaggio potente alla scoperta del tuo vero io.

Immagina di camminare in una stanza e di sentirti in perfetta sintonia con chi sei realmente, di comunicare, con ogni sguardo, con ogni gesto, l'essenza di ciò che desideri trasmettere.

Questo capitolo è dedicato a te che sei pronto a compiere un passo decisivo verso una vita in cui la tua esteriorità riflette esattamente il tuo mondo interiore e che sei determinato a creare una connessione reale tra il tuo aspetto e la tua vera essenza, raggiungendo nuovi livelli di fiducia e di autorevolezza.

Ricordati che investire nella tua immagine non è un lusso o un insulso atto di vanità, bensì un prezioso strumento di crescita personale e professionale, una necessità strategica per il successo, una strada per una benefica trasformazione, personale e professionale.

Capitolo 7

Storia di un amore verso se stessi

Ogni persona porta con sé sogni e aspirazioni che desidera vedere concretizzati.

Ma, soprattutto in situazioni particolarmente difficili, la strada per realizzarli appare ardua se non addirittura inattuabile e può capitare, perciò, di sentirsi sopraffatti.

Questo stato di cose può generare un profondo senso di frustrazione e la falsa percezione che forze esterne ci stiano frenando.

Tuttavia, nel profondo di ognuno di noi esistono risorse straordinarie e risposte che aspettano solo di essere scoperte.

Sappi che la nostra mente è dotata di un potere immenso!

È una riserva infinita di possibilità e, nel momento in cui impariamo a gestirla, può liberarci e permetterci di raggiungere vette inimmaginabili!

Credere in ciò e lavorare consapevolmente su noi stessi può trasformare quelli che consideravano nient'altro che sogni in realtà tangibili.

Ti dico questo poiché, quando ti avvicini per la prima volta al mondo della consulenza d'immagine, potresti manifestare delle riserve, magari perché pensi che si tratti di un servizio superfluo o voluttuario.

Può essere, dopotutto, un atteggiamento piuttosto normale, ma lascia che ti dica che dietro questo lavoro c'è un'intera disciplina che dimostra quanto, in certe situazioni decisamente complesse, l'analisi attenta della propria immagine possa veramente fare la differenza.

Non si tratta solo di estetica, ma di sentirsi bene con se stessi, di valorizzare la propria unicità e di aumentare la propria autostima.

Un tempo riservata solo ai VIP, oggi la consulenza d'immagine è alla portata di tutti, incluso te.

Ma, te lo ripeto, a meno che tu non ti sia documentato approfonditamente in proposito, il tuo approccio potrebbe essere riduttivo o contaminato da pregiudizi.

Voglio farti un primo esempio, estremamente comprensibile: immagina di scoprire quali colori ti illuminino il viso, facendoti apparire più riposato e sano, o di trovare il taglio di capelli che valorizzi al meglio i tuoi lineamenti.

Questi dettagli, apparentemente semplici, possono cambiare radicalmente, ovviamente in positivo, il modo in cui ti percepisci e come ti vedono gli altri.

Dietro ogni consiglio, fornito da un professionista di questo settore, c'è, infatti, uno studio accurato che tiene conto di aspetti psicologici, estetici e comunicativi.

Affidarti ad un consulente d'immagine significa intraprendere un percorso che va ben oltre il semplice miglioramento estetico.

Stiamo parlando del costruire una rappresentazione di te che rispecchi al meglio chi sei, che ti faccia sentire sicuro e pronto ad affrontare ogni sfida con maggiore serenità.

Ogni volta che indossi qualcosa che ti fa sentire a tuo agio e valorizza i tuoi punti di forza, fai un passo avanti verso una versione più autentica e fiduciosa di te stesso.

Come vedi, è un qualcosa di tutt'altro che superfluo: è un investimento incentrato su di te e sul tuo benessere.

Credo fermamente che tutti dovrebbero fare una consulenza d'immagine.

Troppo spesso non ci percepiamo come realmente siamo e non valorizziamo le nostre qualità, limitandoci a seguire la moda o gli impulsi del momento.

Questo è un errore: tutte le persone dovrebbero imparare a riconoscere e a sviluppare il proprio stile personale.

La consulenza d'immagine, per esempio, è una risorsa preziosa per le donne curvy.

Viviamo in una società che impone canoni rigidi di bellezza, alimentando insicurezze e senso di disagio.

La consulenza non ti dirà mai "perdi 10 chili e sarai bellissima", ma ti insegnerà ad apprezzarti per come sei realmente.

Ogni persona, anche quella che appare come la più sicura di sé, può avere delle titubanze rispetto alla propria immagine.

Imparare a sentirsi bene con se stessi è fondamentale.

Se sei curvy, non devi nasconderti dentro abiti larghi.

È possibile, invece, scoprire insieme i tuoi punti di forza e valorizzarli attraverso tecniche di camouflage e giochi di stampe.

Se hai un bel seno o un bel sedere, mettili in risalto!

Sei magra e con una figura rettangolare? Creiamo un punto vita!

Ogni corpo ha qualcosa di unico e meraviglioso.

I dettagli sono quelli che fanno la differenza: i colori, i tessuti, i tagli e le stampe possono trasformare completamente il tuo look.

Una donna con fisico a pera, per esempio, può riequilibrare la figura con dei tessuti scivolosi e più scuri nella parte inferiore e una stampa a righe nella parte superiore, dove usarà capi con maggior spessore o inserirà semplicemente delle spalline che, otticamente, riproporzionano la figura.

Pantaloni a vita alta possono alzare il tuo baricentro e, visivamente, allungare le gambe, una frangia ben posizionata può snellire il viso...

BARICENTRO BASSO   BARICENTRO ALTO

PROPORZIONI

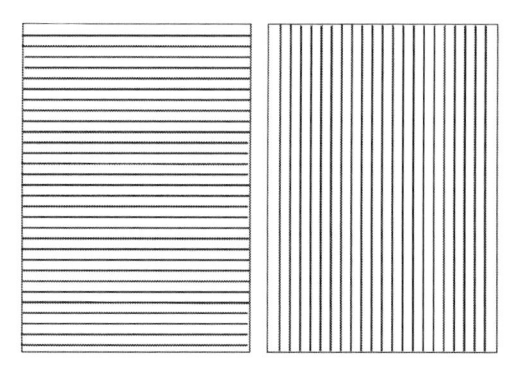

Quello del baricentro è un concetto fondamentale nella consulenza d'immagine, in quanto influisce direttamente su come una persona viene percepita a livello visivo.

Gestire il baricentro significa lavorare sulla "distribuzione visiva" delle dimensioni del corpo, in modo da bilanciare la silhouette e creare armonia estetica.

Per quanto due persone possano essere della stessa altezza, chi ha il baricentro più basso otticamente sembra più basso rispetto a chi ha il baricentro più alto.

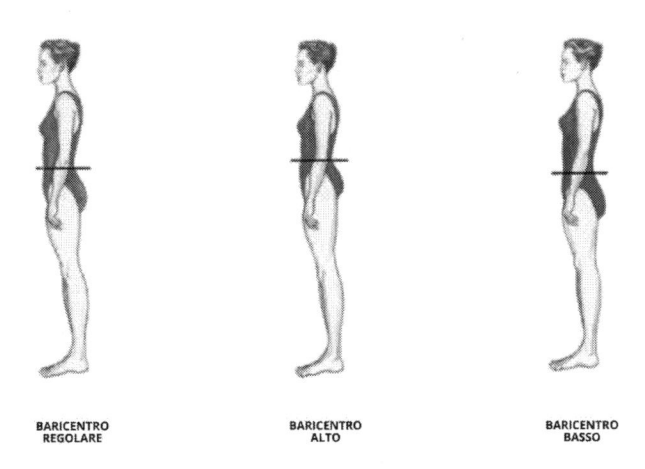

BARICENTRO REGOLARE　　**BARICENTRO ALTO**　　**BARICENTRO BASSO**

Una delle caratteristiche principali di una persona con baricentro basso, ad esempio, è che ha le gambe relativamente più corte in proporzione al tronco, di conseguenza, il busto o tronco può apparire relativamente più lungo rispetto alle gambe.

Un esempio emblematico di baricentro basso è quello della Principessa del Galles, Kate Middleton.

Non sorprende, quindi, che il suo consulente d'immagine le suggerisca di indossare esclusivamente capi a vita alta, per valorizzare al meglio la sua figura.

In realtà, Kate Middleton è dotata di una certa altezza, ma, avendo un baricentro basso, con abiti inadeguati, tende ad apparire più bassa e con gambe meno lunghe.

Questo dimostra come sia possibile giocare con stili e proporzioni, per "camuffare" altezza e larghezza e risultare più alti e più snelli.

Ogni elemento, dal trucco agli accessori, contribuisce a creare armonia. Un beauty look curato strategicamente aiuta a risolvere piccole asimmetrie naturali

Se il tuo corpo ha una figura imponente, opta per tacchi larghi; se hai un addome pronunciato, scegli vestiti con stampe a fiori di medie dimensioni...

Anzi, a questo proposito voglio proporti un esempio molto semplice, ma estremamente tecnico e, soprattutto, ottico, grazie al quale potrai renderti conto dell'importanza delle proporzioni e riuscirai a vedere come determinati disegni o stampe riescano ad ingannare notevolmente i nostra occhi.

Ti invito, perciò, ad osservare le due figure, dell'illustrazione seguente: essenzialmente il cerchio centrale a sinistra sembra essere più grande di quello a destra, anche se, in realtà, entrambi i cerchi hanno le stesse dimensioni.

L'illusione ottica si verifica perché il cerchio centrale di sinistra é posto al centro di cerchi più piccoli di quelli che circondano il cerchio centrale di destra.

Viceversa, posto al centro dei cerchi più grandi, il cerchio centrale appare otticamente più piccolo.

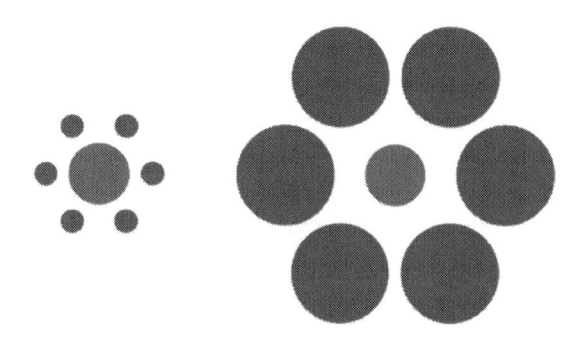

Questo esempio dovrebbe farti comprendere piuttosto chiaramente quanto siano importanti le dimensioni e le

proporzioni delle stampe che scegliamo di indossare, se il nostro scopo è quello di conferire armonia al corpo mediante l'abbigliamento.

Se vuoi snellire il punto vita e apparire più snella, gioca con il Color blok, (colori in contrasto), ci sono moltissimi modi per camuffare e riproporzionare la nostra silhouette.

Ogni dettaglio conta. Ciascun particolare è rilevante.

La consulenza d'immagine non solo ti aiuta a trovare la tua sicurezza, ma ti fa, concretamente, sentire bene.

È un bel viaggio alla scoperta di te stesso, per piacerti così come sei e mostrare al mondo la tua bellezza unica.

Lavorare come consulente d'immagine significa spesso affrontare situazioni che vanno ben oltre l'estetica e la moda, coinvolgendo profondamente l'aspetto emotivo delle persone.

Un caso fortemente emotivo potrebbe riguardare una persona che si rivolge alla consulenza dopo aver attraversato un periodo difficile della sua vita, come, per esempio, in seguito ad una perdita importante, che può influire pesantemente sull'autostima e sulla percezione di sé, facendola sentire inadeguata e fuori posto.

L'aiuto di un professionista dell'immagine, potrebbe essere importante per supportarla nel ritrovare fiducia in se stessa.

Spesso collaboro con psicologi che inviano da me i loro pazienti per lavorare sulla loro "parte" esteriore, dal momento che questa è strettamente legata all'introspezione personale .

Un percorso di consulenza d'immagine non si limita alla scelta degli abiti giusti o al restyling del look.

Si tratta di un viaggio ben più profondo, che inizia con un'attenta analisi delle esigenze emotive di chi vi si rivolge.

L'esperto di riferimento lavora per capire le insicurezze del cliente, le sue paure e ciò che lo fa sentire più vulnerabile.

Con empatia e professionalità, lo aiuta a ricostruire la sua immagine, partendo dall'interno.

Questo processo comprende non solo consigli su come valorizzare la propria figura con abiti e accessori adeguati, ma anche suggerimenti su come prendersi cura del proprio corpo e della propria mente.

Attraverso incontri regolari e un supporto costante, le persone iniziano a riscoprire la bellezza e la forza che hanno dentro di sé, imparando ad osservare il proprio riflesso con occhi nuovi.

Il lavoro della consulenza d'immagine, in questo contesto, diventa un vero e proprio percorso di rinascita emotiva, all'interno del quale la moda e lo stile si trasformano in strumenti per riscoprire e riaffermare la propria identità.

Un professionista dell'immagine può fare la differenza nella vita di una persona, aiutandola a ritrovare fiducia, sicurezza e, soprattutto, un nuovo modo di vedere se stessa.

La Storia di Elena, 25 Anni

Era una giornata di primavera quando ricevetti una chiamata che avrebbe cambiato non solo la mia vita, ma anche quella di Elena.

Avevo appena terminato una consulenza di stile quando squillò il telefono.

Dall'altro lato, una voce gentile, ma preoccupata mi spiegò la situazione: era la madre di Elena, una giovane donna di 25 anni, che stava combattendo una dura battaglia contro l'anoressia.

Era appena uscita da un ricovero ospedaliero e i suoi parenti, sotto consiglio del suo medico e del suo psicoterapeuta, avevano deciso di regalarle una mia consulenza.

Mi raccontarono, in ogni dettaglio, ogni fase del suo percorso e tutte le difficoltà che stava affrontando.

Scegliere di accettare questo incarico non fu assolutamente una decisione facile.

Non essendo una psicologa, temevo di non essere all'altezza della sfida e la posta in gioco era estremamente fragile e delicata.

Tuttavia, qualcosa dentro di me, forse il mio cuore o il mio istinto, mi spingeva fortemente a tentare.

Così, sebbene accompagnata da uno strano miscuglio di timore, speranza ed emozione, mi aprii a questa esperienza con gratitudine.

Quando incontrai Elena per la prima volta, notai subito la sua vulnerabilità, ma anche una sua profonda bellezza, delicata e nascosta.

Durante quel primo incontro, ci sedemmo a chiacchierare per ore, concedendoci il tempo necessario per conoscerci, piano piano.

Mi concentrai su di lei come persona, scegliendo di vedere "oltre" la sua condizione.

Iniziammo con un attenta analisi del colore.

Mi accorsi con piacere che lei era estremamente aggiornata sull'argomento, cosi presi la palla al balzo e cominciammo a parlare di moda, di accessori, di borse, di tendenze... E, da questa conversazione "leggera" presi spunto per addentrarmi nell'analisi personale.

I miei obiettivi erano quelli di far emergere la sua bellezza naturale, le sue passioni e, soprattutto, di farle riscoprire la fiducia in se stessa.

La volta successiva, dopo l'analisi dello stile, Iniziai scegliendo abiti che potessero valorizzare le sue forme, estremamente sottili, cercando di enfatizzare i suoi punti di forza, stando bene attenta alle sue esigenze.

Ogni capo di abbigliamento era selezionato da me con estrema cura, col pensiero fisso su come potessi farla sentire più sicura e più bella.

Mi presi cura dei suoi capelli con tenerezza, studiando acconciature che potessero incorniciare il suo viso in modo delicato e naturale.

Anche il trucco fu pensato per esaltare i suoi lineamenti, senza mai sovrastarla o "incombere" sulle sembianze, notevolmente esposte e indifese, del suo volto.

Nel corso delle nostre sessioni, chiacchieravamo come due vecchie amiche parlando di moda e di stile .

Volevo ad ogni costo distrarla dai suoi pensieri negativi e offrirle la visione di un mondo completamente nuovo, fatto di colori, di tessuti e di bellezza.

Non volevo che i nostri incontri avessero il tono di una consulenza professionale, ma che assomigliassero più ad un ritrovarsi con un'amica della quale fidarsi e con cui condividere momenti di gioia e di positività.

Tra un negozio e l'altro, in una routine di prove e di cambi, per le vie del centro di Milano, ci fermammo a prendere un gelato. Lei era rilassata e sorridente, non le importava degli sguardi degli altri addosso, e questo mi rassicurò: il mio metodo stava funzionando.

Il mio approccio, nei suoi confronti, era estremamente semplice: non desideravo altro che farla sentire "normale", apprezzata e valorizzata per chi era realmente.

Con il tempo, ebbi il privilegio e la soddisfazione di vedere Elena trasformarsi gradualmente.

Ogni nuovo incontro portava con sé piccoli, ma significativi cambiamenti.

Ancora oggi, a distanza di tempo, continuiamo ad incontrarci regolarmente.

Ogni volta che la vedo, il suo sorriso radioso mi riempie di gioia.

Ci sediamo insieme a prendere un tè e parliamo delle nostre vite, esattamente come fanno due amiche.

Sono profondamente felice ed immensamente grata di aver potuto contribuire alla rinascita di Elena.

Non è stata una consulenza tradizionale, ma un'esperienza che mi ha insegnato tanto.

Ho dimostrato ad Elena, con l'ausilio di medici e psicologi, con il supporto della sua famiglia e anche con il mio contributo, che la vita è un meraviglioso dono che vale sempre la pena di vivere appieno.

E, durante questo percorso, ho preso coscienza della bellezza e della forza che risiedono in ognuno di noi.

Vorrei rimarcare il fatto che non ho mai trattato Elena come una persona malata.

Nel corso di tutta la durata del percorso di consulenza, non abbiamo mai toccato l'argomento della sua malattia.

Con lei ho avuto un approccio diverso, sono entrata a piccoli passi nella sua quotidianità, senza invadere i suoi momenti e i suoi spazi, mi sono conquistata la sua fiducia giorno dopo giorno.

Ogni persona che incontro mi lascia sempre qualcosa di nuovo, mi insegna sempre qualcosa di nuovo, ogni consulenza è diversa, e per ognuna mi impegno a rispettare i suoi personalissimi tempi di apertura.

La consulenza d'immagine, come vedi, può intervenire in una varietà di situazioni specifiche e particolari.

Ti faccio alcuni esempi:

Il ritorno al lavoro dopo un lungo periodo di assenza, in particolare, può essere un'esperienza carica di emozioni contrastanti.

Dopo mesi trascorsi a casa, che sia per prendersi cura di un neonato durante il congedo di maternità o per combattere una malattia debilitante, rientrare in ufficio può far emergere insicurezze profonde.

Guardarsi allo specchio e non riconoscere più la persona che si era, sentirsi fuori luogo in un ambiente che sembrava familiare, ma che ora appare cambiato, è un'esperienza dolorosa e disorientante.

Un consulente d'immagine, con la sua empatia e competenza, può trasformare questa transizione in un percorso di rinascita.

Attraverso consigli personalizzati per aggiornare il guardaroba, ti aiuta a ritrovare fiducia in te stesso, a rispecchiare le tendenze attuali e a sentirti di nuovo parte integrante del mondo lavorativo.

In questo viaggio, ogni capo di abbigliamento scelto diventa un simbolo di forza ritrovata, ogni dettaglio curato un passo verso la riappropriazione della propria identità e della propria autostima.

Così, il ritorno al lavoro, diventa non solo una ripresa della routine, ma un potente atto di resilienza e di rinascita.

Ancora, la ripresa della vita sociale dopo un evento traumatico è un percorso intriso di dolore e di speranza, un viaggio emotivo che richiede coraggio e determinazione.

In questi momenti delicati, un consulente d'immagine può essere una guida preziosa, un faro che illumina il cammino verso la rinascita.

Con sensibilità e comprensione, offre consigli su come ricostruire il proprio guardaroba, non solo per rispecchiare le tendenze del momento, ma soprattutto per riscoprire un aspetto che infonda sicurezza e serenità.

Ogni abito scelto, ogni dettaglio curato diventa un tassello fondamentale per ricostruire la fiducia in se stessi.

Così, il consulente d'immagine non si limita a trasformare l'aspetto esteriore, ma accompagna la persona in un profondo viaggio interiore, aiutandola a ritrovare la forza di affrontare il mondo con un sorriso nuovo, simbolo di una forza nascosta che brilla nonostante le ombre del passato.

Questi esempi dimostrano quanto la consulenza d'immagine possa trasformarsi in un sostegno fondamentale durante i momenti di transizione e le situazioni più delicate della vita.

Non si tratta solo di abbellire l'aspetto esteriore, ma di ricostruire l'anima di chi ha subito profonde ferite.

Gli esempi della madre che, dopo mesi dedicati a prendersi cura di un neonato, si trova smarrita di fronte al ritorno al lavoro, insicura di sé e del proprio aspetto o di una persona che, dopo un evento traumatico, cerca con tutto il cuore di ritrovare una parvenza di normalità, di sentirsi di nuovo a proprio agio tra la gente, sono emblematici.

Il consulente d'immagine diventa, in simili casi, un punto di riferimento nella nebbia, offrendo non solo abiti e accessori, ma strumenti di rinascita e di ritrovata fiducia.

Ogni consiglio, ogni suggerimento, diventa un atto d'amore verso se stessi, un passo verso una nuova identità, più forte e sicura.

In queste azioni, si nasconde una potente trasformazione: non si cambia solo l'apparenza, ma si cura l'anima, si risolleva lo spirito e si riconquista una percezione di sé che sembrava perduta per sempre.

La consulenza d'immagine, in questi momenti, è molto più di una professione; è un abbraccio che avvolge, un sostegno che solleva, una luce che guida verso un nuovo risveglio alla vita.

Ho voluto raccontarti la storia di Elena per farti intuire come, la consulenza d'immagine e il supporto di psicologi possa svolgere un ruolo significativo nel trattamento dell'anoressia e nel supporto a persone con problematiche fisiche.

Adesso, permettimi di scendere più nei dettagli.

Ritrovare Se Stessi: il Potere della Consulenza d'Immagine nel Percorso contro l'Anoressia

Ricostruzione dell'Autostima:

Immagina quanto possa essere dura la strada del recupero dall'anoressia.

In questo contesto, le sessioni di consulenza d'immagine personalizzate, possono rappresentare un percorso che va oltre la semplice scelta dei vestiti, diventando un viaggio di riscoperta e valorizzazione di se stessi.

Ogni incontro è un'opportunità per esplorare nuovi stili che non solo esaltano il comfort, ma che mirano ad evidenziare la bellezza interiore.

Non ci concentriamo più sulle taglie, ma su ciò che fa sentire bene, su ciò che riflette la propria essenza più profonda.

È emozionante vedere le persone toccate da questa prova che può essere così estenuante, sperimentare nuovi look, osservare il loro sorriso quando individuano un capo che le fa sentire sicure e a proprio agio.

Questo processo le aiuta a costruire un rapporto più sano ed amorevole con il proprio corpo.

È un'esperienza straordinaria scoprire insieme quanto possano essere forti e meravigliose.

Ogni scelta che compiono per valorizzarsi è un tributo alla loro resilienza e alla loro bellezza unica.

Compiamo fianco a fianco questo viaggio, un passo alla volta, celebrando ogni piccolo traguardo ed ogni grande conquista.

Educazione all'Immagine Corporea Positiva

Desidero condividere con te quanto la consulenza d'immagine possa essere un'esperienza profondamente trasformativa, specialmente in questi momenti, così delicati, di riscoperta personale.

Come ho già detto, non si tratta semplicemente di ricevere consigli su cosa indossare, ma di un vero e proprio viaggio educativo che aiuta a riconoscere e ad apprezzare la bellezza in tutte le forme e in tutte le taglie del corpo umano.

Nel corso delle varie sessioni, si apprendono tecniche che consentono di sfidare i canoni di bellezza irrealistici imposti dalla società.

Alle persone, così duramente provate, viene insegnato a vedere il proprio corpo con occhi nuovi, imparando ad apprezzare ogni curva, ogni linea, ogni dettaglio che le rende speciali ed uniche.

È un percorso di coraggio e di crescita.

Gli abiti che verranno scelti non saranno solo tessuti e cuciture, ma vere e proprie espressioni d'amore verso se stessi.

So che può sembrare difficile, ma passo dopo passo, con determinazione e pazienza, si mirerà a costruire un nuovo rapporto con il proprio corpo, basato sul rispetto e sull'amore.

Supporto Emotivo:

Durante il percorso di recupero, avere al proprio fianco un professionista dell'immagine può fare una differenza enorme.

Immagina di avere qualcuno che non solo ti aiuta a scegliere cosa indossare, ma che è lì per sostenerti emotivamente, aiutandoti a sviluppare una visione equilibrata e positiva del tuo aspetto fisico.

Questo tipo di supporto va oltre l'aspetto esteriore: aiuta a costruire una connessione profonda con la propria autostima e il proprio benessere emotivo.

In ogni sessione, si lavorerà, spalla a spalla, per trovare modi in cui gli abiti possano riflettere non solo la bellezza esteriore, ma anche la forza interiore e la personalità.

Ogni persona che sta affrontando questa fase così complessa della propria esistenza, dovrà sentirsi supportata e compresa, dovrà sapere che ogni passo che compie verso una visione più positiva di se stessa è un passo importante e significativo e che non sarà mai sola in questo percorso.

Verrà mantenuto uno stretto contatto con i terapeuti e i nutrizionisti di riferimento per assicurare che il supporto sia integrato e completo.

Questo significa che ogni aspetto della cura di questi clienti così speciali è considerato, creando un approccio olistico che li aiuti a sentirsi veramente sostenuti da un team che ha a cuore il loro benessere in ogni senso.

Risplendere oltre le barriere culturali: l'Arte di una consulente d'immagine di sviluppare una bellezza senza limiti.

Essere preparati a fare una consulenza d'immagine ad un'altra cultura richiede un profondo rispetto e comprensione delle tradizioni e dei valori di quella specifica cultura.

È essenziale fare ricerche approfondite sulla cultura in questione, includendo le norme sociali, i costumi, le credenze religiose e gli ideali estetici.

Questo permette di evitare errori culturalmente insensibili o offensivi durante la consulenza d'immagine.

Inoltre, è importante essere aperti al dialogo e all'apprendimento continuo, per comprendere appieno le sfumature culturali e offrire un servizio personalizzato che rispetti l'autostima e le preferenze individuali.

L'empatia è l'aggiornamento costante sono fondamentali per garantire una consulenza d'immagine rispettosa delle diverse culture.

Promuovere il rispetto e l'empatia verso le diverse culture e religioni è fondamentale per muovere un passo in più verso una società veramente inclusiva.

La consulenza d'immagine, quando eseguita con sensibilità e conoscenza delle diverse culture, può contribuire a promuovere l'autostima e il benessere delle persone di diverse origini.

A mio parere, tutti dovremmo continuare ad interrogarci su come possiamo migliorare costantemente la nostra comprensione e il nostro rispetto per le culture diverse, al fine di creare un mondo veramente inclusivo.

Adattamento del guardaroba a nuove caratteristiche fisiche

Pensa ad una persona con problematiche ed esigenze fisiche.

La sfida di adattarsi a nuove circostanze può sembrare insormontabile.

Con competenza e sensibilità, un professionista dell'immagine, può trasformare il guardaroba di chi si trova ad affrontare una prova o un momento difficile selezionando abiti che non solo esaltano l'estetica ma anche la funzionalità.

Ogni capo viene scelto con cura per migliorare il comfort e la mobilità, permettendo a chi lo indossa di muoversi con sicurezza e con grazia.

Anche questa trasformazione non si ferma al semplice aspetto fisico, ma rappresenta un passo significativo verso il recupero dell'autostima e della fiducia in se stessi.

Sentirsi bene nel proprio corpo, vedersi riflessi nello specchio con abiti che valorizzano la propria figura, è un potente promemoria che la bellezza e la dignità sono sempre presenti, indipendentemente dalle sfide che la vita ci pone davanti.

Sostegno Psicologico attraverso l'Immagine:

Lavoro da sempre al fianco degli psicologi, e spesso mi viene chiesto di offrire un supporto olistico davvero trasformativo.

Immagina la potenza di un team che unisce mente e corpo per aiutare una persona a ritrovare la propria autostima!

Molte volte mi sono ritrovata per esempio, a spiegare delle tecniche di make-up allo scopo di coprire cicatrici, donando la possibilità di vedere riflesso nel proprio viso ciò che si sente nel cuore: forza e bellezza.

Così come ho suggerito acconciature che distolgono l'attenzione dalle aree problematiche, permettendo a chi le esibisce di sentirsi elegante e a proprio agio.

Ogni consiglio, ogni tecnica appresa, diventa uno strumento prezioso per migliorare l'autopercezione, un piccolo passo in più verso una visione di sé più positiva e più serena.

Questo approccio integrato non mira solo a nascondere le imperfezioni, ma esalta la bellezza naturale, rafforzando la fiducia e l'autostima.

Insieme, psicologi e consulenti d'immagine, creano un ambiente stimolante e sereno di supporto e di crescita, dove ogni individuo può riscoprire il proprio valore e la propria unicità, sentendosi finalmente libero di mostrarsi al mondo con orgoglio e sicurezza.

La consulenza d'immagine, quando integrata con altri trattamenti terapeutici e di supporto, può offrire un contributo significativo al tuo benessere complessivo.

Aiutandoti a sviluppare un'immagine positiva e a trovare soluzioni pratiche per le tue nuove esigenze, un esperto dell'immagine può migliorare la tua qualità della vita e la fiducia in te stesso.

Questo percorso non si limita a cambiamenti estetici superficiali, ma va ben oltre, abbracciando una trasformazione interiore che riflette il tuo vero potenziale.

Quando inizierai a vederti sotto una luce nuova, più gentile, accogliente e compassionevole, sperimenterai un profondo senso di rinascita e di autoaccettazione.

È in questo momento di scoperta e di riscoperta che la consulenza d'immagine diventa un catalizzatore di cambiamento, infondendo, in te, nuova vita e rinnovata speranza, anche quando pensavi di averle perse per sempre.

Attraverso un approccio empatico e personalizzato, il consulente non solo ti accompagnerà nel viaggio verso una nuova consapevolezza estetica, ma ti sosterrà nel ritrovare una connessione profonda con te stesso.

Ed è proprio in questo legame ritrovato, in questa rinnovata fiducia, che risiede la vera magia di questo lavoro: il potere di vedere il bello anche nelle cicatrici e di scoprire la forza nascosta dietro ogni tua fragilità.

Capitolo 8

Stile personale e comunicazione non verbale

La comunicazione non verbale è un linguaggio potente e universale, e aiutare le persone a padroneggiarlo significa dare loro uno strumento inestimabile per affrontare il mondo.

Immagina di poter comunicare chi sei veramente senza dire una parola.

Ogni tuo gesto, ogni tuo sguardo e ogni tuo sorriso parla di te e racconta chi sei

Il mio ruolo nella comunicazione non verbale

Nel mio lavoro svolgo un ruolo fondamentale nella comunicazione non verbale

Grazie a questa competenza e a questa conoscenza delle dinamiche del linguaggio del corpo, sono in grado di analizzare e interpretare i gesti, le espressioni facciali e la postura di una persona.

Questo mi consente di individuare eventuali incongruenze tra l'immagine che una persona vuole proiettare e quella che effettivamente comunica attraverso il proprio corpo.

Per questo spesso suggerisco modifiche nell'abbigliamento, nel linguaggio del corpo e nella gestione dell'aspetto esteriore, al fine di migliorare la comunicazione non verbale e trasmettere un messaggio coerente con l'immagine desiderata.

In questo modo, il consulente d'immagine diventa un prezioso alleato per chi desidera comunicare efficacemente attraverso il proprio aspetto e il proprio comportamento non verbale.

L'importanza dell'ascolto attivo e della sintonia emotiva come chiave per una comunicazione efficace

Ascoltare attivamente e avere una sintonia emotiva sono elementi fondamentali per una comunicazione efficace.

L'ascolto attivo implica non solo l'ascolto delle parole, ma anche la comprensione delle emozioni e dei segnali non verbali dell'interlocutore.

Questo richiede di mettere da parte le distrazioni e di concentrarsi pienamente sulla persona che sta parlando.

La sintonia emotiva, invece, implica la capacità di comprendere e rispondere alle emozioni dell'altro in modo empatico.

Questo crea un legame più profondo e autentico nella comunicazione, permettendo di costruire relazioni solide e di superare eventuali barriere linguistiche.

Per essere un buon comunicatore, è importante sviluppare queste abilità di ascolto attivo e sintonia emotiva che io insegno.

La prossemica e la cinesica ci svelano un mondo di segreti nella comunicazione non verbale, mentre il mio ruolo è fondamentale nel trasmettere il messaggio desiderato.

Ma tutto questo sarà vano se non siamo in grado di ascoltare attivamente e creare una sintonia emotiva con gli altri.

La comunicazione efficace richiede un impegno costante nel comprendere e interpretare i segnali non verbali che ci circondano.

Prossemica e cinesica: i segreti del linguaggio del corpo

La prossemica e la cinesica sono due elementi fondamentali nel linguaggio del corpo che possono rivelare molto sulla comunicazione non verbale.

La prossemica riguarda la distanza tra le persone durante una conversazione e come questa distanza possa influenzare la comunicazione.

Ad esempio, una distanza ravvicinata può indicare intimità o confidenza, mentre una distanza maggiore può essere indice di rispetto o di disinteresse.

D'altra parte, la cinesica riguarda i gesti, le espressioni facciali e il linguaggio del corpo in generale.

Questi segnali possono trasmettere emozioni, intenzioni e atteggiamenti, anche senza l'uso delle parole.

Comprendere questi segreti del linguaggio del corpo può aiutare a interpretare meglio le interazioni sociali e migliorare la comunicazione.

Ogni tuo movimento, ogni piccolo segno del tuo corpo, rappresenta un capitolo della tua storia, un frammento del tuo essere.

Senza bisogno di pronunciare una singola parola, tu puoi riuscire a trasmettere un intero universo di significati, costruendo un ponte invisibile tra te e chi ti osserva, un ponte fatto di pura e sincera umanità.

Pensa alla postura che assumi, alla sicurezza che puoi trasmettere semplicemente stando dritto, dimostrandoti aperto al mondo.

Ogni tuo gesto, anche il più piccolo, ha il potere di enfatizzare i tuoi pensieri, amplificando passione e convinzione.

Non è incredibile, ad esempio, come il contatto visivo possa creare una connessione così intensa, riuscendo a far sentire chi ti sta di fronte, compreso e apprezzato? Quando ti disponi al contatto con l'altro con fiducia, il tuo corpo, tutto intero, diventa un messaggero silenzioso, comunicando una forza interiore che ispira chi ti circonda.

Fin da giovanissima, ho sempre avuto una passione per l'osservazione delle persone.

Non mi sono mai limitata a ciò che mi veniva detto, ma ho sempre cercato di capire il mondo interiore che celavano, attraverso l'analisi dei loro gesti, delle loro espressioni e dell'abbigliamento che avevano scelto di adottare.

Questa curiosità mi ha spinto a intraprendere i miei studi nell'ambito dell'immagine.

Ricordo chiaramente un episodio che contribuì a rafforzare la mia percezione del potere della comunicazione non verbale.

Durante i miei primi anni di carriera, avevo accettato un incarico come consulente esterna per una grande azienda.

Un giorno, mi fu chiesto di tenere un seminario per i dirigenti, molti dei quali erano decisamente scettici riguardo all'importanza dell'immagine personale.

Il giorno del seminario, decisi di esordire con un esercizio pratico.

Chiesi a tutti i presenti di descrivere su un foglio la prima impressione che avevano avuto di me al mio ingresso nella sala, senza basarsi sulle parole che avevo pronunciato, bensì concentrandosi unicamente su quanto avevano visto.

Quando raccolsi i fogli, lessi commenti come "professionale", "sicura di sé", "autorevole".

Quel giorno, ero vestita con un tailleur giacca e pantaloni, color avorio. Avevo scelto accessori semplici ma eleganti, e mi ero assicurata di mantenere una postura eretta e di sfoggiare un sorriso accogliente.

Spiegai, così, ai partecipanti che tutto ciò che avevano percepito di me era il risultato di una comunicazione non verbale perfettamente studiata.

Quel momento fu rivelatore non solo per loro, ma anche per me, perché quella fu, forse, la prima volta, in cui vidi chiaramente, anzi, toccai letteralmente con mano, l'impatto concreto che lo studio di determinati dettagli, poteva suscitare.

Decisi, perciò, di approfondire ulteriormente questo campo, analizzando come i diversi aspetti della comunicazione non verbale potessero essere utilizzati per migliorare le relazioni personali e professionali.

Esaminai, ad esempio, come la scelta dei colori negli abiti potesse influenzare l'umore degli altri e la percezione di autorità o di empatia.

Compresi l'importanza dei gesti e del linguaggio del corpo nel rafforzare il messaggio verbale.

Uno degli studi più interessanti che condussi riguardava il modo in cui la postura influenza la percezione di sé e degli altri.

Mi resi conto di come una postura aperta e sicura non solo fosse in grado di migliorare l'autostima di chi la adottava, ma contribuisse anche a creare un'atmosfera di fiducia e di rispetto reciproco, in relazione agli interlocutori con cui si entrava in contatto.

Iniziai a tenere corsi e consulenze riguardo a come servirsi di queste tecniche nell'ambito della propria esistenza quotidiana, e sono felice ed orgogliosa di poter dire di aver aiutato molte persone a migliorare la propria vita personale e professionale.

Tutt'oggi i corsi di formazione sono un aspetto fondamentale della mia attività.

Tenere corsi (corsi riguardanti la comunicazione non verbale, corsi di formazione per professionisti dell'immagine, come hair stylist, corsi per personal shopper o, comunque, inerenti ad ogni aspetto del mio campo professionale), mi permette di condividere la mia passione per l'arte della trasformazione personale.

Amo insegnare perché vedo il mio lavoro come un viaggio di empowerment.

È gratificante vedere come le conoscenze che trasmetto possano fare una differenza significativa nella vita quotidiana delle persone che mi seguono.

Ogni corso è anche un'occasione per me di crescere e di imparare.

Ogni individuo è unico e mi spinge ad esplorare nuove idee, a restare aggiornata sulle tendenze e a migliorare costantemente le mie competenze. Insegnare mi dà la possibilità di essere parte di un processo di crescita reciproca, creando un dialogo aperto e stimolante con chi partecipa ai miei corsi.

Chiusa questa parentesi riguardante un argomento che, lo avrai notato, non manca mai di entusiasmarmi, torniamo al nostro tema principale.

Ricordo una cliente in particolare, Nicole, una giovane manager brillante, ma profondamente insicura: aveva dedicato una vita intera allo studio, formandosi come una delle più giovani e promettenti esperte del proprio settore, ma, nel momento di "scendere in campo", esponendosi concretamente nel mondo lavorativo, aveva riscontrato forti difficoltà nel relazionarsi con capi e sottoposti e nel manifestare apertamente le sue competenze.

Molto spesso, questo succede perché si studia tanto, si fanno moltissimi test d'ingresso ed un'infinità di colloqui, ma, quando arriva il momento di mettere in pratica le proprie competenze, si viene assaliti dall'ansia a causa della mancanza d'esperienza.

È uno dei motivi per cui, alcuni dei miei corsi, riguardano nello specifico, la prossemica e la cinesica.

Lavorammo insieme, io e Nicole, sul suo guardaroba, in seguito a lunghi colloqui "esplorativi" che ci condussero a sperimentare una condizione di confidenza e di fiducia reciproca.

Parlammo di cosa fossero la prossemica e la cinesica e dell'importanza della comunicazione visiva

Dopodiché, scegliemmo tutta una serie di capi che rispecchiassero la sua personalità forte, ma, fino a quel momento, bloccata dall'insicurezza.

Le insegnai come usare il contatto visivo per trasmettere sincerità e affidabilità e il modo in cui i piccoli gesti e dettagli che potevano sembrare insignificanti potessero, invece, fare la differenza nelle sue presentazioni.

La trasformazione fu sorprendente: nel giro di pochi mesi, Nicole non solo era diventata più sicura di sé, ma aveva anche guadagnato il rispetto e l'ammirazione dei suoi colleghi.

Raccontare questa storia, ogni volta, mi riempie di orgoglio e di soddisfazione e non manca mai di ricordarmi perché ami così tanto il mio lavoro.

È anche per questo motivo che, continuo il mio viaggio, affascinata dalla continua scoperta di come, prima ancora di parlare, possiamo essere in grado di raccontare storie straordinarie.

Adesso, voglio che consideri la distanza che mantieni dagli altri: quell'equilibrio così sottile tra intimità e rispetto degli spazi personali.

La tua capacità di dosare questa vicinanza sarà indice di una profonda sensibilità e di un immediato rispetto verso chi ti sta intorno.

Così come, ogni volta che scegli come vestirti, non stai solo riflettendo il tuo stile, ma stai facendo una dichiarazione silenziosa della tua identità e delle tue intenzioni.

È un modo per dire al mondo chi sei senza pronunciare una sola parola.

E poi, c'è il tono della tua voce, quella melodia così unica, così intimamente tua, che ha il potere di calmare, ispirare o eccitare a seconda di come sceglierai di modularla.

Il suono delle tue parole ha il potere di toccare il cuore delle persone, di trasmettere emozioni che le parole da sole non potrebbero mai esprimere.

Ogni tua scelta, ogni dettaglio, dalla postura al contatto visivo, dall'abbigliamento al tono di voce, è un pezzo del puzzle che compone la tua affascinante e personalissima storia.

Ed è proprio attraverso queste piccole, ma potenti espressioni di te stesso che puoi riuscire a creare connessioni autentiche, facendo sentire ogni persona che incontri, "vista", compresa e apprezzata in modo unico e indimenticabile.

Ogni più piccolo movimento del tuo corpo, ogni lieve inclinazione verso qualcuno, racconta una storia di attenzione e di interesse.

È come se la tua essenza più profonda si facesse avanti per dire: "Sono qui. Ti vedo. Ti ascolto."

E poi c'è il contatto fisico, quella stretta di mano così ferma e sicura o un abbraccio caloroso, capace di trasmettere più di mille parole.

Con un semplice gesto, tu puoi riuscire a comunicare vicinanza, supporto e affetto, costruendo un ponte di emozioni che, le sole parole, non potrebbero mai esprimere pienamente.

Ricordati che, ogni qualvolta ti avvicini a qualcuno, stai donando un pezzo della tua anima, stai creando un momento di connessione che risuona nel profondo.

È in questi atti di presenza e di contatto che la tua umanità brilla più intensamente, rivelando una capacità straordinaria di comprendere e condividere il mondo degli altri.

Così, senza bisogno di discorsi elaborati, il tuo corpo diventa un messaggero potente di empatia e di comprensione, capace di trasformare ogni incontro in un'esperienza memorabile ed emozionante.

Tu, quindi, hai il potere di comunicare in modi che vanno oltre il linguaggio, toccando le persone ad un livello più profondo.

Usa questo tecnica per creare legami autentici, per ispirare e trasformare ogni interazione in un'esperienza indimenticabile.

Sii consapevole della tua comunicazione non verbale, del modo in cui il tuo corpo esprime ciò che provi e pensi. Permetti che il tuo vero io risplenda in ogni momento, che la tua autenticità emerga in ogni incontro.

Abbraccia questa capacità e lascia che la tua presenza diventi una fonte di luce e di ispirazione per chi ti circonda, rendendo il mondo un luogo più ricco e significativo attraverso la semplice potenza del tuo essere.

Immagina, ora, l'impatto che desideri avere sugli altri.

La tua immagine non è solo un riflesso di te, ma un potente strumento di comunicazione capace di lasciare un segno duraturo.

Quando curi la tua presentazione professionale, fai in modo che la tua immagine rispecchi professionalità e attenzione, trasmettendo fiducia a chi ti osserva.

Ogni elemento, dal tuo abbigliamento al tuo sorriso, deve essere scelto e studiato con cura per riflettere chi sei veramente.

Inoltre, non dimenticare di prestare sempre attenzione al contesto culturale del tuo pubblico, rispettando e valorizzando la sua sensibilità, creando un legame genuino e rispettoso.

In questo modo, non solo comunicherai il meglio di te stesso, ma costruirai ponti di comprensione e di rispetto che renderanno ogni interazione unica e memorabile.

Lascia che la tua immagine, per prima, parli per te, raccontando una storia di autenticità, di professionalità e di empatia, e vedrai come il tuo impatto sugli altri diventerà sempre più profondo e duraturo.

Fai in modo che la tua identità visiva parli di chi sei, con colori e stili che incarnino la tua essenza.

Ogni tua immagine che presenti al mondo deve essere pertinente, inserita nel giusto contesto, per evitare confusione e mantenere chiara la tua visione.

In un mondo dove l'apparenza può fare la differenza, rendi ogni immagine un capolavoro che suscita emozioni, rispetto e ammirazione.

Se ti stai domandando come rendere possibile tutto ciò, sappi che ci sono alcuni punti chiave per realizzare questa visione:

Curare il tuo abbigliamento, scegliendo colori e stili che rispecchiano la tua personalità, può essere un buon punto di partenza, si coerente con il tuo stile di vita, mantieni i tuoi ideali.

Un accessorio ben scelto, come una sciarpa colorata o un gioiello significativo, può aggiungere un tocco di unicità al tuo look.

Considera anche l'importanza della postura e del linguaggio del corpo: mantieni una postura aperta e sicura per comunicare fiducia e accoglienza.

Infine, cura i dettagli come l'acconciatura e il trucco in modo che siano in armonia con il tuo messaggio complessivo.

Così, non solo sarai visto, ma sarai veramente percepito e ricordato, in un modo unico ed estremamente efficace.

Autenticità: Immagina il potere di un'immagine autentica, capace di raccontare la tua vera essenza. Le persone sono profondamente attratte dalla genuinità, dalla verità non mascherata.

Quando condividi una parte di te che è reale, senza eccessive manipolazioni o rappresentazioni ingannevoli, costruisci un ponte di fiducia con chi ti osserva.

Per ottenere questo risultato, comincia scegliendo abiti che ti facciano sentire a tuo agio e che riflettano la tua personalità.

Se sei una persona attenta all'ambiente, ad esempio, considera l'uso di colori terreni e di materiali naturali, cerca nel vintage, e rendi unica la tua personalità.

Un accessorio unico, come un gioiello artigianale o un foulard con un motivo che ami, può diventare il tuo segno distintivo.

Non sottovalutare l'importanza della cura personale: una pettinatura che valorizzi il tuo viso e un trucco leggero che esalti i tuoi tratti naturali possono fare una grande differenza.

Inoltre, lavora attentamente sulla tua postura e sul tuo linguaggio del corpo per comunicare apertura e sicurezza.

Ricorda: ogni dettaglio del tuo aspetto dovrebbe parlare di te in modo sincero e coerente, permettendo a chi ti osserva di percepire la tua vera essenza e di sentirsi connesso con te in modo genuino e duraturo.

Pensa a questo: ogni volta che scegli di essere autentico, stai dando agli altri il permesso di vedere il tuo vero io, creando una connessione profonda e sincera.

È come un fremito di brezza fresca in un mondo spesso sovraccarico di perfezione artificiale.

La tua autenticità è un faro di luce che attira e conforta, ricordando a tutti che la bellezza vera risiede nella verità e nella sincerità.

Non è solo una questione di estetica.

Questa è la magia di un'immagine genuina: costruisce fiducia, ispira e rimane impressa nel cuore di chi la guarda.

Emozioni Evocate: Immagina di poter arrivare subito in empatia con le persone con un solo sguardo.

La tua immagine ha il potere di evocare emozioni profonde e durature.

Ogni colore, ogni dettaglio del tuo look non è solo un elemento visivo, ma parte di un linguaggio emotivo che parla direttamente all'anima di chi ti osserva.

Quando curi la tua immagine, pensa intensamente a ciò che vuoi che le persone sentano.

Vuoi ispirare gioia, serenità, nostalgia o forse meraviglia?

Scegli i colori del tuo abbigliamento che risuonano con queste emozioni: tonalità calde, come il giallo e l'arancione possono evocare felicità, mentre il blu e il verde possono trasmettere tranquillità, e poi c'è il nero spesso usato nelle boutique dei grandi marchi di lusso.

Personalmente, in questo caso, non mi trovo d'accordo con la scelta di questo colore, non lo trovo coerente perché il nero è associato alla negazione, all'opposizione, alla protesta, al potere e addirittura al controllo. È vero: il nero comunica autorità, ma anche riservatezza e distacco comunicativo.

Ma riguardo a questo argomento si dovrebbe aprire un altro capitolo…

Non sottovalutiamo l'importanza del colore, non solo per l'uso cromatico della nostra palette, ma anche per quello che vogliamo comunicare.

Opta per capi e accessori che incarnino queste sensazioni: ad esempio un vestito floreale e fatto per chi ha uno stile romantico, un abito elegante minimal per chi ha uno stile classico ma essenziale, chi sceglie il vintage rispetta l'ambiente e hai un senso del dovere verso il prossimo…

Questi sono solo piccoli accenni inconsci e comunicativi.

E se parliamo di personal branding…

Allo stesso modo, l'ambiente in cui ci si esprime può influenzare la percezione degli altri.

Scegliere luoghi appropriati e adeguati al proprio campo di interesse può contribuire a creare una connessione più forte con il pubblico di riferimento e favorire la creazione di opportunità professionali.

Gli sfondi e i luoghi che scegli per i tuoi incontri o le tue foto possono amplificare le emozioni che desideri comunicare.

Sempre per farti dei semplici esempi, un giardino fiorito può esprimere vitalità, e purezza, mentre una libreria antica può suggerire introspezione e saggezza.

In un mondo dove le immagini personali spesso scivolano via senza lasciare traccia, tu hai la possibilità di creare qualcosa di memorabile e di innovativo.

Scegliere gli stili e gli ambienti giusti per esporsi al meglio è fondamentale per costruire un personal branding efficace.

La scelta degli stili, sia nel modo di vestire che nell'aspetto fisico, comunica un messaggio immediato sulla propria personalità e professionalità.

Così, non solo comunicherai un messaggio, ma creerai un legame emotivo che trascende il tempo e lo spazio.

Contesto Culturale: È importante considerare con attenzione il contesto culturale del pubblico di riferimento.

Alcuni elementi del tuo look potrebbero essere percepiti diversamente a seconda delle sensibilità culturali.

Assicurati che ogni dettaglio della tua immagine rispetti e valorizzi le diverse prospettive culturali, creando così una connessione autentica e rispettosa con chi ti osserva.

L'importanza della consulenza d'immagine nel contesto culturale è un tema che suscita grande curiosità.

Rispettare il contesto con l'abbigliamento adeguato è fondamentale sia per integrarsi socialmente che per ottenere successo nella sfera professionale.

Esplorare l'influenza culturale sull'abbigliamento e l'impatto sulla percezione di sé ci permette di comprendere meglio come vestirsi in modo appropriato in ogni situazione.

La consulenza d'immagine nel contesto culturale riveste un ruolo di grande importanza.

Ogni cultura ha le proprie norme e aspettative riguardo all'abbigliamento e all'aspetto esteriore delle persone.

La consulenza d'immagine aiuta a comprendere queste dinamiche culturali e ad adattarsi ad esse in modo adeguato.

Ricordiamoci che bisogna considerare non solo le tendenze della moda, ma anche i valori, le tradizioni e le convenzioni sociali di una determinata cultura.

Un consulente d'immagine esperto può fornire consigli personalizzati che rispettano il contesto culturale specifico di un individuo.

Ciò permette alle persone di presentarsi nel modo migliore possibile, comunicando rispetto per la cultura in cui si trovano e creando una percezione positiva di se stessi agli occhi degli altri.

L'abbigliamento adeguato per rispettare il contesto sociale e professionale

L'abbigliamento adeguato per rispettare il contesto sociale e professionale è di fondamentale importanza.

Indossare abiti appropriati in determinate situazioni può fare la differenza nella percezione che gli altri hanno di noi.

Nel contesto sociale, ad esempio, è importante vestirsi in modo appropriato per rispettare le norme culturali e sociali del luogo in cui ci troviamo.

Nell'ambito professionale, l'abbigliamento adeguato può trasmettere professionalità, competenza e rispetto per l'ambiente lavorativo.

Scegliere abiti che si adattino al contesto sociale e professionale aiuta a creare una buona impressione e a comunicare il nostro rispetto per gli altri e per le regole sociali.

Esplorare l'influenza culturale sull'abbigliamento e l'impatto sulla percezione di sé

Esplorare l'influenza culturale sull'abbigliamento e l'impatto sulla percezione di sé può rivelarsi un viaggio affascinante nel mondo della moda e dell'identità personale.

Ogni cultura ha i propri canoni estetici e le proprie regole sociali che influenzano la scelta dell'abbigliamento.

Indossare abiti tradizionali o conformarsi ai codici di abbigliamento locali può essere un modo per esprimere rispetto e adattarsi al contesto culturale.

Tuttavia, l'impatto dell'abbigliamento sulla percezione di sé va oltre la semplice conformità sociale.

L'individuo può sentirsi più sicuro, potente o autentico indossando determinati capi o stili che rispecchiano la sua identità culturale o personale.

L'abbigliamento diventa così uno strumento per comunicare e affermare la propria individualità in un mondo in continua evoluzione.

Tu adesso sai di poter trasmettere un messaggio chiaro e potente con ogni immagine che condividi.

Dunque, ogni volta che scegli un'immagine, assicurati che sia perfettamente pertinente al contenuto e al contesto.

Quando l'immagine è in armonia con ciò che vuoi comunicare, diventa una finestra che apre il tuo mondo agli altri, senza barriere o incomprensioni.

Pensa ad un puzzle: ogni pezzo deve combaciare perfettamente per rivelare l'intera immagine. Se un pezzo è fuori posto, l'intero quadro perde significato.

Allo stesso modo, un'immagine fuori contesto può confondere o alienarti il tuo pubblico, distogliendo la sua attenzione dal messaggio che intendevi trasmettere.

Scegli con cura, rendi ogni immagine un riflesso autentico del tuo messaggio.

Lascia che il tuo pubblico non solo veda, ma comprenda profondamente ciò che vuoi comunicare. Quando ogni elemento è allineato, crei una connessione immediata e duratura, rendendo la tua comunicazione non solo chiara, ma indimenticabile.

Questo è il potere di un'immagine pertinente: trasforma il tuo messaggio in un'esperienza coinvolgente e indelebile.

Seguendo questi principi, sarà possibile, per te, trasmettere un'immagine che rispecchi accuratamente l'identità desiderata e susciti una percezione corretta in ogni tuo pubblico.

Il tuo stile personale è molto più di ciò che indossi: è una dichiarazione vivente della tua essenza.

Ogni dettaglio, dall'abbigliamento agli accessori, dall'acconciatura alla postura, fino al tono della tua voce, racconta una storia unica e irripetibile. È il linguaggio silenzioso con cui comunichi chi sei veramente, le tue passioni, i tuoi sogni e il tuo stato d'animo.

Quando scegli di curare con attenzione ogni aspetto del tuo stile, non stai solo scegliendo come apparire, ma stai costruendo te stessa nel mondo, invitando gli altri a conoscerti, a comprenderti, a connettersi con la tua vera natura.

Ora, voglio che tu diventi estremamente consapevole di questo: ogni volta che entri in una stanza, prima ancora che tu dica una parola, hai già comunicato, a tutti i presenti, chi sei.

Il tuo stile personale, che abbraccia ogni dettaglio dall'abbigliamento agli accessori, dall'acconciatura alla postura, è il tuo linguaggio silenzioso. È la tua presentazione al mondo, la tua prima impressione che parla senza suoni.

Quando curi con amore e consapevolezza ogni aspetto del tuo stile, stai dipingendo un quadro vivente della tua essenza, dei tuoi sogni e delle tue passioni.

Non stai solo scegliendo come apparire, stai creando un'immagine animata che racconta la tua storia.

Ogni gesto, ogni scelta, ogni colore e tessuto diventano pennellate di un ritratto unico. In questo mondo che corre così velocemente, lascia che il tuo stile sia il tocco memorabile che cattura l'attenzione, che invita gli altri a fermarsi, ad osservare, a comprendere la profondità della tua identità.

Non sottovalutare mai il potere del tuo stile personale: è il tuo modo di dire "Eccomi, questo sono io", con una forza che va molto oltre le parole.

Capitolo 9

Migliorare la propria autostima attraverso un cambiamento esteriore

L'autostima è la chiave segreta che apre le porte a una vita piena di fiducia e di successo.

Proprio come un fiore che sboccia alla luce del sole, anche noi possiamo fiorire quando ci prendiamo cura del nostro aspetto esteriore.

In un mondo che spesso ci giudica per le nostre apparenze, il cambiamento esteriore può diventare un potente alleato nel viaggio verso una maggiore autostima.

L'iconica Coco Chanel ebbe modo di dire: "La bellezza comincia nel momento in cui decidi di essere te stesso" ed io mi trovo perfettamente d'accordo con questa affermazione.

Migliorare la propria autostima attraverso un cambiamento esteriore può rappresentare un percorso efficace e concreto per molte persone.

Dopo un periodo difficile, può essere normale sentirsi scoraggiati e perdere fiducia in se stessi.

Tuttavia, è importante trovare il modo di riprendere fiducia e riguadagnare l'autostima.

Per fare ciò, è fondamentale dedicare del tempo a se stessi e alla propria guarigione emotiva.

È utile riflettere sulle proprie esperienze passate e imparare dagli errori commessi.

Inoltre, cercare il supporto di amici fidati o di un consulente di immagine motivazionale può fornire una prospettiva esterna ed incoraggiante.

Infine, concentrarsi sugli obiettivi personali e intraprendere piccoli passi verso il successo può contribuire a rafforzare l'autostima e a riprendere fiducia in se stessi.

La nostra autostima influisce su come ci percepiamo, su come ci relazioniamo agli altri e su come affrontiamo le sfide della vita.

Il modo in cui ci presentiamo agli altri, infatti, influisce notevolmente sulla percezione di noi stessi.

Ad esempio, modificare il tuo stile di abbigliamento, prenderti cura della tua pelle, cambiare taglio o colore di capelli, o anche impegnarti in un regime di allenamento fisico, sono tutte azioni che possono portare a un miglioramento significativo della tua autostima.

Attraverso un processo di auto-riflessione e auto-accettazione, possiamo identificare i nostri punti di forza e lavorare su quelli che vogliamo migliorare.

Il percorso di autostima ci aiuta a superare i dubbi e le insicurezze, permettendoci di affrontare le sfide con coraggio e determinazione.

Consigli pratici per sviluppare una sana autostima e raggiungere il successo

Per sviluppare una sana autostima e raggiungere il successo, ci sono alcuni consigli pratici che possono essere utili.

Innanzitutto, è importante identificare i propri punti di forza e lavorare su di essi, riconoscendo le proprie capacità e valorizzandole.

Inoltre, è fondamentale imparare a gestire le critiche e gli errori, considerandoli come opportunità di crescita anziché come fallimenti.

È utile anche cercare il sostegno di persone positive e motivate che possano incoraggiarci lungo il percorso.

Inoltre, è consigliabile fissare obiettivi realistici e suddividerli in piccoli passi, celebrando ogni successo ottenuto.

Infine, dedicare del tempo a se stessi per prendersi cura del proprio benessere fisico e mentale è essenziale per sviluppare una sana autostima.

Questi cambiamenti, sebbene ad una prima valutazione possano apparire superficiali, in realtà possono avere un impatto profondo sul tuo stato d'animo, permettendoti di sentirti più sicuro e a tuo agio in vari contesti sociali e professionali.

Inoltre, l'atto stesso di dedicare tempo e attenzione alla cura del tuo aspetto può rappresentare un gesto di amore e di rispetto verso te stesso, rafforzando ulteriormente la fiducia nelle tue capacità e nel tuo valore personale.

Ralph Waldo Emerson affermava: "L'amore per la bellezza è gusto. La creazione di bellezza è arte" e il fatto di prendersi cura di sé stessi è un'arte che ognuno di noi può imparare a padroneggiare.

Devi considerare l'autostima come il motore invisibile che ti spinge verso una vita piena di fiducia e di successo.

Pensa a come un semplice cambiamento di abbigliamento possa trasformare una giornata grigia in un'opportunità radiosa!

Cito ancora, con piacere, Emerson: "La fiducia in se stessi è il primo segreto del successo."

Quando ti prendi cura del tuo aspetto, non stai solo migliorando la tua immagine esteriore, ma stai alimentando il tuo spirito.

Nell'ambito della vita quotidiana, un incremento dell'autostima ti permette di affrontare le sfide con una forza rinnovata.

Il semplice, ma per niente scontato fatto di sentirti bene con il tuo aspetto può cambiare il modo in cui interagisci con gli altri, trasformando ogni incontro in un'opportunità di connessione autentica.

Immaginati di entrare in una stanza con la sicurezza di chi sa di valere: le spalle dritte, il sorriso genuino, gli occhi che brillano di determinazione.

Questa energia positiva è contagiosa e può spalancarti porte che, fino a quel momento, ti erano sempre apparse sprangate!

In ambito professionale, naturalmente, l'autostima rappresenta un alleato prezioso.

Una presentazione davanti ai colleghi, una riunione importante, o un colloquio di lavoro possono diventare momenti di grande successo se ti senti sicuro di te stesso.

La cura del tuo aspetto diventa quindi un puro atto di amore verso te stesso e un investimento nel tuo futuro.

Migliorare la tua autostima attraverso un cambiamento interiore ed esteriore non è, solo un atto superficiale, ma un profondo gesto di riconoscimento del tuo valore intrinseco.

È come se tu fossi un fiore che, nel momento in cui sboccia, rivela tutta la sua bellezza al mondo.

Sappi, infatti, che quando ci vediamo belli, è più facile convincerci di essere capaci di cose grandi.

E questa convinzione può trasformare completamente la nostra vita quotidiana e professionale in modi che non avremmo mai immaginato.

Ti invito, quindi, a considerare il cambiamento esteriore come un potente strumento per riscoprire e valorizzare la tua autostima, ricordandoti che la vera bellezza risplende quando ti ami e ti accetti per ciò che sei davvero.

Come professionista dell'immagine, ho vissuto molte esperienze che hanno rafforzato la mia convinzione a proposito del potere trasformativo apportato dal cambiamento esteriore sulla propria autostima.

Uno degli episodi più memorabili riguarda un giovane uomo, che chiamerò Samuel.

Samuel arrivò da me, poco tempo prima di un colloquio di lavoro che avrebbe potuto rivoluzionare completamente la sua vita.

Mi accorsi immediatamente di trovarmi di fronte ad un ragazzo estremamente talentuoso e che possedeva tutte le competenze necessarie per il ruolo che desiderava fortemente ricoprire. Ciò nonostante, ahimè, mancava di fiducia in se stesso.

Quando lo incontrai per la prima volta, si presentò con un abbigliamento trasandato ed un aspetto complessivamente non curato che, ritenni, rappresentasse la norma delle sue giornate.

Eppure, Samuel si rendeva conto che il suo aspetto esteriore non rifletteva le capacità e la mentalità, a tratti, geniale che lo caratterizzavano, ma, nonostante questa consapevolezza, si sentiva come bloccato, assolutamente incapace di agire su questo stato di cose e di modificarlo.

Ovviamente, questo lo rendeva disperatamente insicuro.

Cominciammo a lavorare insieme per intervenire sulla sua immagine e migliorarla.

Naturalmente parlammo a lungo, per avere modo di conoscerci e per riuscire, così, ad identificare colori e tagli che si adattassero il più possibile alla sua personalità e al messaggio che lui desiderava intensamente trasmettere.

Optammo per un abbigliamento elegante ma al tempo stesso confortevole, che mettesse in risalto i suoi punti di forza.

Gli consigliai un taglio di capelli moderno e curato e lo incoraggiai a prendersi cura della sua pelle con una routine semplice ma efficace.

Il cambiamento, come quasi sempre accade in questi casi, fu straordinario.

Quando Samuel si vide, per la prima volta, nello specchio con il nuovo look, notai immediatamente che nei suoi occhi si era accesa una scintilla che prima non c'era.

Capii che si sentiva finalmente all'altezza delle sue capacità!

Il giorno del famoso e tanto temuto colloquio arrivò e Samuel si presentò all'incontro con la sua sicurezza tutta nuova, con le spalle dritte e con un sorriso consapevole e rassicurante.

Ma non fare l'errore di pensare che la sua trasformazione riguardasse solo l'aspetto esteriore.

Lo stesso Samuel, infatti, mi confidò che si sentiva come una persona del tutto diversa, capace di affrontare qualsiasi sfida.

La sua autostima era cresciuta a tal punto che, nel corso del colloquio, riuscì ad impressionare in maniera estremamente favorevole i suoi intervistatori con una presentazione sicura e ben articolata.

Alla fine, ottenne il lavoro.

Questo episodio rafforzò notevolmente la mia convinzione riguardo a quanto possa essere potente il cambiamento esteriore nel riflettere e rafforzare il nostro valore interiore.

Quando ci sentiamo bene con il nostro aspetto, iniziamo a credere di più in noi stessi, e questa fiducia si traduce in un successo reale e tangibile nelle nostre interazioni quotidiane e professionali.

Samuel è solo uno dei tanti esempi che dimostrano come, l'atto di prendersi cura di sé possa trasformare non solo la nostra immagine, ma l'intero corso della nostra vita.

Il nostro aspetto fisico è molto più di ciò che vediamo riflesso nello specchio; è un riflesso della nostra identità, del nostro percorso di vita e delle nostre aspirazioni.

Spesso sottovalutiamo quanto sentirsi bene nel proprio corpo possa influenzare profondamente il nostro stato emotivo, la nostra sicurezza e le nostre interazioni quotidiane.

La consapevolezza di avere un aspetto che ci rispecchia e ci valorizza può migliorare notevolmente la nostra qualità di vita.

Sentirsi a proprio agio nel proprio corpo e con la propria immagine contribuisce ad aumentare la fiducia in se stessi, rendendoci più propensi ad affrontare nuove sfide e ad esplorare opportunità che altrimenti avremmo evitato per insicurezza o per il timore di non essere all'altezza.

La sicurezza data dalla fiducia può tradursi in una maggiore apertura verso nuove esperienze, come la scelta di intraprendere una carriera ambiziosa, di partecipare ad importanti eventi sociali, o persino di intraprendere viaggi verso luoghi sconosciuti.

Il sentirsi valorizzati nel proprio aspetto non solo influisce positivamente sul nostro benessere emotivo, ma ci spinge anche a vivere una vita più ricca e piena di possibilità.

Come ti chiedo spesso, immagina di svegliarti ogni giorno con la sensazione di essere perfettamente a tuo agio nella tua pelle, sapendo che il tuo aspetto non solo ti rispecchia ma ti valorizza pienamente.

È questo il senso di sicurezza che può trasformare la tua vita in modi profondi e significativi.

Prendi ad esempio una giovane professionista che, grazie a questa consapevolezza, trova il coraggio di candidarsi per un ruolo da leader: non solo si distingue per le sue competenze, ma irradia anche una sicurezza che ispira e motiva il suo team, creando un ambiente di lavoro più positivo e produttivo…

Nella vita quotidiana, te lo ripeto, questa fiducia può aprire porte inaspettate.

Una persona che si sente valorizzata nel proprio aspetto potrebbe decidere, per esempio, di iscriversi a un corso di fotografia o ad un corso di immersione subacquea, un sogno accarezzato da tempo, ma mai realizzato a causa dell'insicurezza e della paura di fallire. Durante il corso, non solo si gode una nuova passione, ma incontra anche persone con interessi simili, costruendo relazioni profonde e significative che arricchiranno ulteriormente la sua vita.

Un altro esempio significativo potrebbe essere quello di un individuo che, grazie a questa nuova consapevolezza, decide di prendersi cura del proprio benessere fisico e mentale.

Inizia così a praticare yoga e meditazione, trovando un nuovo equilibrio interiore che si finisce col riflettersi anche all'esterno.

Questa trasformazione lo spinge a viaggiare in luoghi che aveva sempre sognato di visitare, ma che aveva scelto di evitare per timore di non essere in grado di affrontare un simile progetto...

Ricordati: ogni nuova esperienza, ogni nuovo incontro, contribuisce a permetterti di costruire una vita piena di avventure e ricca di ricordi memorabili.

È per tutti questi motivi che ti dico che, il sentirsi valorizzati nel proprio aspetto può costituire il primo passo verso una vita straordinaria!

È come rispondere positivamente ad un invito ad osare, ad esplorare, a vivere appieno ogni momento!

È la scintilla che accende il coraggio di essere autenticamente te stesso, aprendoti la strada ad una vita ricca di possibilità e meraviglie.

Mi ricordo di un episodio molto significativo che risale a qualche anno fa, quando stavo lavorando come consulente d'immagine per un'importante azienda di moda.

Una giovane donna, Chiara, era stata appena assunta come responsabile delle pubbliche relazioni e il suo entusiasmo era palpabile, ma, ciò nonostante, si percepiva una certa insicurezza di fondo, nell'osservare il suo modo di presentarsi.

Chiara era certamente brillante e competente, ma durante i nostri primi incontri, mi confessò di sentirsi sempre un passo indietro rispetto ai suoi colleghi a causa del suo aspetto.

Sentiva fortemente che il suo stile personale non rifletteva la sua professionalità e temeva che questo potesse minare la sua credibilità all'interno del suo nuovo ruolo.

Scelsi, perciò, di lavorare con lei non solo sulla sua immagine esteriore, ma anche sulla percezione che aveva di se stessa.

Iniziammo con una revisione del suo guardaroba.

La incoraggiai a scegliere capi che rispecchiassero la sua personalità energica e creativa, ma che al contempo esaltassero la sua professionalità.

Optammo per abiti dal taglio moderno, che le donavano eleganza senza farla apparire rigida ed impostata.

Le consigliai anche alcuni piccoli cambiamenti nel trucco e nell'acconciatura, mirati a valorizzare i suoi punti di forza naturali.

Il cambiamento non fu immediato, ma con il tempo Chiara iniziò a vedere se stessa sotto una nuova luce. Ogni volta che indossava i nuovi vestiti, la sua sicurezza cresceva.

Ricordo particolarmente una presentazione importante che doveva tenere davanti al consiglio di amministrazione e sulla quale avevamo lavorato intensamente.

Chiara si presentò con un tailleur blu cobalto che avevamo scelto insieme, con un sorriso radioso e con un'aura di sicurezza che non aveva mai sfoggiato in precedenza.

La presentazione fu un successo e Chiara ricevette numerosi complimenti, non solo per la sua competenza, ma anche per la sua presenza impeccabile.

Chiara mi disse, in seguito, che per la prima volta si era sentita veramente all'altezza del suo ruolo e che questo nuovo senso di sicurezza le stava permettendo di esprimere al meglio le sue capacità.

Capirai bene che la trasformazione di Chiara non riguardava solo l'aspetto esteriore, ma aveva toccato qualcosa di ben più profondo, influenzando positivamente la sua vita professionale e personale.

Questo episodio mi insegnò definitivamente quanto possa essere potente la sensazione di essere a proprio agio con il proprio aspetto.

Non si tratta solo di estetica, ma di come si possa intervenire ed influenzare profondamente la nostra fiducia e il modo in cui affrontiamo le sfide della vita.

Da allora, ho sempre cercato di aiutare i miei clienti a trovare quell'equilibrio perfetto tra l'immagine esteriore e la sicurezza interiore, perché credo fermamente che sentirsi bene nel proprio corpo sia il primo passo verso una vita più appagante e ricca di successi.

Riflettendo su tutto quanto discusso finora, ritengo che l'importanza del sentirsi a proprio agio nel proprio corpo e dell'esibire un aspetto che ci rispecchia e ci valorizza sia stata dimostrata ampiamente.

Questa consapevolezza non solo migliora la nostra autostima, ma può anche aprire nuove opportunità nella vita quotidiana e professionale, per questo motivo, adesso voglio fornirti alcuni spunti pratici per applicare concretamente queste nozioni, nella tua vita quotidiana:

Riconosci il tuo valore unico: Riconoscere il proprio valore unico è un atto di amore profondo verso se stessi, un viaggio emozionante alla scoperta di quelle caratteristiche che ti rendono speciale e irripetibile.

Ogni persona è un mosaico di caratteristiche distintive, una combinazione unica di forza e di delicatezza, di sogni e di realtà.

Identificare i tuoi punti di forza, sia fisici che caratteriali, è come trovare gemme nascoste nel cuore del tuo essere! È scegliere abiti che non solo esaltano la tua figura, ma che raccontano una storia, la TUA storia.

È prenderti cura del tuo aspetto con un taglio di capelli che ti incornicia il volto come un'opera d'arte, o adottare una routine di cura della pelle che ha il potere di interrompere il quotidiano e di trasformarlo in un momento rituale di benessere e di serenità.

Ma non si tratta solo di apparenza.

La scelta di valorizzare le tue qualità interiori – la gentilezza che illumina una giornata buia, l'empatia che crea legami profondi, la determinazione che supera ogni ostacolo – è un dono che fai al mondo e a te stesso.

È un atto di coraggio, di riconoscimento della tua bellezza interiore e della tua forza.

Celebrare queste unicità non solo costruisce autostima e sicurezza, ma accende una luce che guida e che ispira chi ti sta intorno.

In un mondo che tanto spesso cerca di uniformarci, risplendere della propria autenticità è un autentico gesto rivoluzionario.

È un inno alla diversità, alla bellezza delle differenze, alla potenza di essere semplicemente sé stessi.

Riconoscere e valorizzare il tuo valore unico non è solo un percorso di crescita personale, ma un contributo prezioso all'umanità intera.

Investi in un guardaroba che ti rappresenta: la scelta di investire in un guardaroba che ti rappresenta, significa molto di più che una semplice questione di moda; è un vero e proprio atto di amore e di rispetto verso te stesso.

Immagina di aprire il tuo armadio ogni mattina e di trovarvi solo capi che ti fanno sentire sicuro e a tuo agio! Capi che parlano di te e che riflettono la tua essenza più autentica.

Non fraintendermi: non è assolutamente necessario possedere un'infinità di vestiti costosi; la vera eleganza risiede nella qualità e nella cura con cui scegli ogni pezzo.

Seleziona pochi capi di alta qualità, che non solo valorizzano il tuo corpo, ma che raccontano con attenzione la tua storia, i tuoi gusti e le tue aspirazioni.

Ogni abito, ogni accessorio, ogni dettaglio del tuo guardaroba dovrebbe essere un tassello del mosaico unico che sei.

Opta, in particolare, per vestiti che ti danno gioia, che ti fanno sentire a casa, che sono in grado di accompagnarti nelle sfide quotidiane con comfort e stile.

In questo modo, ogni tua giornata diventerà un'opportunità per esprimere la tua unicità al mondo e per sentirti pienamente te stesso in ogni situazione.

Investire nel tuo guardaroba è un gesto rivoluzionario, un modo per dire a te stesso e agli altri che meriti il meglio, che la tua presenza conta.

È un viaggio verso la scoperta di ciò che davvero ti rappresenta, di ciò che ti fa brillare.

E così, indossando capi che ti rispecchiano pienamente e profondamente, non solo arricchisci il tuo stile, ma rafforzi la tua identità, crei connessioni più autentiche e vivi la vita con maggiore consapevolezza e gioia.

Cura il tuo benessere fisico e mentale: Cura il tuo benessere fisico e mentale, perché sentirsi bene con se stessi va ben oltre l'aspetto esteriore.

Immagina come ti farebbe sentire la scelta di abbracciare uno stile di vita che ti nutre completamente, sia nel corpo che nell'anima.

La tua routine quotidiana potrebbe, in tal modo, trasformarsi in un continuo atto d'amore verso te stesso, attraverso, per esempio, un'attività fisica regolare, che non solo rinvigorisce il corpo ma illumina anche lo spirito ed una dieta equilibrata, che non è solo cibo, ma un'armonia di sapori e nutrimenti che alimentano la tua vitalità.

Allo stesso tempo, dedica momenti preziosi alla tua salute mentale.

Lascia che la meditazione ti guidi verso una calma interiore profonda, o che lo yoga infonda equilibrio e serenità nei tuoi giorni.

Non dimenticare, inoltre, di coltivare le tue passioni, quei piccoli rifugi che ti riempiono il cuore di gioia: che sia leggere un libro del tuo autore preferito, dipingere un quadro che rispecchi le tue emozioni, ascoltare una melodia rilassante o fare giardinaggio tra i profumi della natura.

Questi gesti di cura personale non sono semplici abitudini, ma veri e propri rituali che celebrano la tua unicità e il tuo valore.

Prenditi cura di te stesso in modo integrato, perché solo così potrai vivere una vita veramente equilibrata e appagante, sentendoti bene dentro e fuori. In questo modo, ogni giorno diventerà un'opportunità per fiorire e risplendere, consentendoti di mostrare al mondo la versione più autentica e radiosa di te stesso.

Sii autentico: Sii autentico, poiché l'autenticità è la chiave che apre le porte al vero benessere e alla felicità interiore.

Viviamo in un mondo che spesso cerca di imporci standard di bellezza irraggiungibili, per cui, scegliere di essere se stessi rappresenta un atto di coraggio e di amore verso la propria unicità.

Abbraccia le tue imperfezioni con orgoglio, perché sono proprio quelle che ti rendono speciale e irripetibile. Essere autentici significa avere il coraggio di esprimere la propria personalità senza paura, attraverso il proprio stile e il modo in cui scegliamo di presentarci.

Quando indossi ciò che ti fa sentire bene e riflette il tuo vero io, non solo comunichi fiducia, ma anche un potente messaggio di autoaccettazione.

Questa autenticità irradia verso l'esterno, ispirando chi ti circonda a fare lo stesso.

Vivere autenticamente significa anche costruire relazioni profonde e sincere, basate sulla trasparenza e sull'apprezzamento reciproco.

Scegli di vivere la tua vita come se fosse un inno alla tua essenza, celebrando ogni sfaccettatura di te stesso.

La tua autenticità, te lo ripeto, non solo arricchisce la tua vita, ma diventa una luce che illumina anche il cammino degli altri, promuovendo un mondo più genuino ed empatico.

In questo modo, abbracciare la tua autenticità ti permette di vivere una vita piena, significativa e davvero memorabile.

Chiedi supporto professionale: Chiedi supporto professionale se ti senti insicuro riguardo al tuo aspetto, perché meriti di vederti sotto la tua luce migliore.

Rivolgersi a un professionista dell'immagine può essere un passo delicato e significativo verso una maggiore autostima e benessere.

Un esperto può offrirti consigli personalizzati su come valorizzare la tua figura, suggerendo piccoli cambiamenti che possono fare una grande differenza.

Immagina di scoprire i colori che esaltano la tua carnagione, il taglio di capelli che incornicia perfettamente il tuo viso, e uno stile che riflette la tua vera essenza.

Questo tipo di supporto non solo migliora il tuo aspetto esteriore, ma ti aiuta a sentirti più a tuo agio e sicuro di te stesso.

Una simile esperienza ti offre l'opportunità di esplorare nuove prospettive e di riscoprire la tua unicità con gentilezza e con cura.

Chiedere supporto può rappresentare un atto di amore verso te stesso, un modo per abbracciare la tua bellezza autentica e per vivere con maggiore serenità e fiducia.

Pratica la gratitudine e la positività: Pratica la gratitudine e la positività, perché sono chiavi potenti che aprono le porte ad una vita più luminosa e più appagante.

Ogni giorno, concediti un momento per riflettere sugli aspetti positivi della tua immagine e della tua vita, riconoscendo e apprezzando i piccoli e grandi doni che ti circondano e che fanno parte di te.

Questo semplice gesto può trasformare radicalmente il modo in cui ti percepisci, aiutandoti a vedere il tuo corpo e la tua esistenza sotto una luce più positiva e più amorevole.

Immagina come potrebbe essere svegliarti ogni mattina con un cuore colmo di gratitudine per le tue qualità uniche, per i momenti di gioia e per le persone care che arricchiscono la tua vita... La gratitudine ti insegna a celebrare ciò che hai, piuttosto che soffermarti su ciò che ti manca.

Questa pratica quotidiana non solo eleva la tua autostima, ma crea anche una spirale di positività che si riflette in ogni aspetto della tua esistenza.

Coltivare la gratitudine è un atto di tenerezza verso te stesso e verso il mondo.

È un invito a vedere la bellezza nelle piccole cose, a riconoscere il valore delle tue esperienze e a nutrire una mentalità positiva che ti accompagnerà in tutte le sfide quotidiane.

Quando pratichi la gratitudine, la tua prospettiva si espande, e impari a vivere con maggiore gioia e appagamento.

Ogni passo che fai verso una maggiore consapevolezza e apprezzamento di te stesso contribuisce a costruire una vita più piena e soddisfacente.

Sperimenta con fiducia: Sperimenta con fiducia, perché esplorare nuovi stili e look è un viaggio di scoperta personale che va ben oltre la semplice moda.

Impara a vedere ogni giorno come una nuova pagina bianca, pronta ad essere riempita con colori, tessuti e forme che raccontano la tua storia unica.

Non aver paura di uscire dalla tua zona di comfort e di provare qualcosa di nuovo; ogni scelta, ogni abito, ogni accessorio è un'opportunità per esplorare e celebrare chi sei veramente.

Vedi, la moda è una lingua senza parole, un mezzo potente per esprimere la tua essenza.

Trova la gioia nel processo di sperimentazione, provando a considerare ogni tentativo non come un rischio, ma come una meravigliosa avventura.

Abbraccia l'incertezza e il cambiamento con entusiasmo, perché è proprio in quei momenti di audacia che sei maggiormente propenso a scoprire le parti più autentiche di te stesso.

Ogni nuovo look può svelare una sfaccettatura diversa della tua personalità, permettendoti di evolverti continuamente e di esprimere la tua vera natura in modi sempre nuovi e diversi.

Essere aperto ai cambiamenti non solo arricchisce il tuo stile, ma infonde nella tua vita una freschezza e una vitalità che sono contagiose.

Perciò, divertiti e lasciati sorprendere dalla bellezza delle infinite possibilità che la vita ti offre.

Ogni volta che provi qualcosa di diverso, celebri la tua unicità e ispiri gli altri a fare lo stesso.

Crea una routine di cura di sé: Crea una routine di cura di sé, perché dedicare del tempo a te stesso può trasformare la tua vita in modi profondi e straordinari.

Decidi di riservare ogni giorno un momento speciale solo per te, un'oasi di pace dove puoi rigenerarti e ritrovare il tuo equilibrio.

Che si tratti di un bagno rilassante in cui le preoccupazioni si dissolvono nell'acqua calda, di una maschera facciale che nutre e illumina la tua pelle, o di una passeggiata nella natura che rinfresca la mente e rinvigorisce l'anima, queste piccole attenzioni quotidiane sono veri atti di amore verso te stesso.

Quando crei una routine di cura di sé, stai dicendo al mondo e a te stesso che sei importante, che meriti attenzione e cura.

Non è solo una questione di benessere fisico, ma un profondo nutrimento mentale ed emotivo.

Ogni gesto di cura personale diventa un rituale, un momento sacro in cui puoi riflettere, ricaricare le energie e connetterti con la tua essenza più autentica.

Stabilire queste pratiche nella tua vita quotidiana è un modo per vivere con maggiore consapevolezza e gratitudine.

È un invito a rallentare e ad apprezzare le piccole gioie della vita, a riconoscere il tuo valore intrinseco e a costruire una relazione di amore e rispetto con te stesso.

Questi momenti di cura di sé ti preparano ad affrontare le sfide con serenità e fiducia, infondendo nella tua vita una freschezza e una vitalità che sono contagiose.

Ricordati sempre che il prendersi cura di sé non è un lusso, ma una necessità. È un atto rivoluzionario in un mondo frenetico, un modo per risplendere nella tua luce più autentica.

Avrai, dunque compreso che il sentirsi valorizzati nel proprio aspetto e a proprio agio nel proprio corpo è un viaggio personale che richiede tempo e dedizione.

Implementando questi spunti pratici, potrai cominciare questo viaggio a piccoli passi, migliorando la tua autostima e aprendoti a nuove esperienze, dandoti la possibilità di vivere una vita più ricca e piena di possibilità.

La consapevolezza e l'attenzione verso il proprio aspetto non sono una banale questione di vanità, ma strumenti potenti per migliorare la qualità della tua vita.

Il fatto di sentirti a tuo agio nel tuo corpo e di avere un aspetto che ti valorizza possono essere caratteristiche fondamentali per permetterti di costruire una solida autostima e di affrontare con sicurezza le sfide quotidiane.

Già attraverso piccoli accorgimenti, come scegliere abiti che ti rispecchiano, adottare uno stile di vita sano e coltivare l'autenticità, poi trasformare il tuo modo di percepirti e di presentarti al mondo.

Questo cambiamento non solo ti rende più sicuro e sereno, ma ti consente di aprirti ad un mondo infinito di possibilità, permettendoti di vivere pienamente e autenticamente.

Ricordati sempre che è vero che l'aspetto esteriore è solo una parte di ciò che sei, ma che, quando riflette la tua vera essenza, può diventare una forza trainante ed inarrestabile verso una vita straordinariamente più ricca e soddisfacente.

Capitolo 10

Sonia

Una Passione che Trasforma

Sicurezza, energia, sorriso, testa alta, sguardo consapevole, camminata armoniosa e fluida... Questi erano gli elementi che fin da ragazzina ammiravo quando vedevo donne e uomini in carriera, alla TV o nella vita reale.

La loro presenza era come una luce in un mondo troppo spesso grigio, una scintilla di entusiasmo che illuminava i miei sogni.

Ero assolutamente affascinata dalla loro presenza magnetica, dal sentimento di fiducia che erano in grado di suscitare e dall'eleganza e dallo stile con cui affrontavano ogni situazione.

Sembravano letteralmente "danzare" con la vita: ogni movimento era calcolato, ogni parola era pesata con grazia e precisione.

Mi chiedevo quale fosse il segreto di quella sicurezza tanto attraente, come facessero ad apparire così a proprio agio, così perfettamente in sintonia con se stessi e con il mondo che li circondava.

Ogni volta che li osservavo, mi sembrava di intravedere un frammento del futuro che desideravo per me stessa, un futuro in cui anch'io avrei potuto camminare con la stessa grazia, parlare con la stessa sicurezza, vivere con la stessa intensità.

Il loro esempio era per me una fonte inesauribile di ispirazione, un modello da seguire e un obiettivo da raggiungere.

Imparavo ad osservare ogni loro gesto, a decifrare ogni loro sguardo, a comprendere il linguaggio silenzioso della fiducia in se stessi.

La loro sicurezza mi insegnava che la vera bellezza risiede nell'autenticità, che la forza si trova nel riconoscere e valorizzare le proprie unicità.

E così, passo dopo passo, ho iniziato a coltivare quella stessa energia dentro di me, a costruire la mia strada verso la realizzazione personale e professionale, consapevole che il viaggio sarebbe stato lungo ma incredibilmente appagante.

Fin da piccola Incominciai a leggere tantissimo

La mia passione per i libri e la sete di conoscenza sono due elementi strettamente legati nella mia vita.

Ho sviluppato un amore per la lettura che mi ha permesso di esplorare mondi fantastici, scoprire nuove culture e arricchire il mio bagaglio di conoscenze.

I libri sono diventati per me una fonte inesauribile di curiosità e di stimoli intellettuali.

Mi affascina l'idea di poter imparare qualcosa di nuovo ogni volta che apro un libro e questa sete di conoscenza mi spinge a continuare a leggere e a cercare sempre nuovi argomenti da approfondire.

La mia passione per i libri mi ha insegnato l'importanza dell'apprendimento continuo e ha contribuito a plasmare la persona che sono oggi.

L'influenza della psicologia e della comunicazione nella mia vita

L'influenza della psicologia e della comunicazione nella mia vita è stata profonda e trasformativa.

Attraverso lo studio della psicologia, ho imparato a comprendere meglio me stessa e gli altri, ad analizzare i comportamenti umani e a sviluppare empatia.

Questa consapevolezza mi ha aiutato a migliorare le mie relazioni personali e professionali, facilitando la comunicazione e la comprensione reciproca.

La conoscenza delle dinamiche comunicative mi ha permesso di evitare malintesi e conflitti, creando intorno a me un clima di armonia e di cooperazione.

Grazie alla psicologia e alla comunicazione, ho imparato a gestire le emozioni, a motivarmi e ad influenzare positivamente gli altri.

Questi strumenti sono diventati fondamentali nel mio percorso di crescita personale e professionale.

Ho sempre lavorato a contatto con le persone, la mia è stata una scalata ed una costruzione, non solo della mia vita personale, ma sopratutto di quella lavorativa.

Sono partita da semplice commessa per diventare ricercatrice di nuove tendenze come buyer per brand internazionali e multimarchi italiani

A quel punto, mi si aprì un mondo: conobbi persone di ogni genere, di ogni ceto sociale, di diverse culture, e ogni giorno mi ritrovavo a confrontarmi e ad interagire con loro.

Questa tipologia di lavoro, mi ha permesso di acquisire abilità e conoscenze in diversi settori e mi ha insegnato a rispettare le culture diverse dalle mie.

Ho vestito vip curando il loro outfit dalla testa ai piedi, attori internazionali sponsorizzati dai grandi brand del lusso italiano.

Dopo anni trascorsi a vestire personaggi di un certo ceto sociale, ho deciso di mettermi in proprio e di aprire la mia attività, rivolgendomi ad un pubblico più comune

"NON VIP MA VNIP" (very normal important people): quel tipo di pubblico che ha veramente bisogno di una consulente d'immagine che gli permetta di ritrovare l'autostima.

Dedico gran parte della mia vita a studio, corsi di formazione e lavoro.

Ancora oggi studio costantemente, perché nel mio lavoro bisogna continuamente essere aggiornati e seguire l'evoluzione della moda, delle tendenze e della nuova società in continua evoluzione.

Volevo vivere la mia vita sentendomi sicura di me stessa, essere piena di energia e in sintonia con chi sono realmente.

Volevo trasformare consapevolmente la mia immagine e, attraverso questa trasformazione, trovare la mia vera essenza

E, mentre avanzo sempre di più in direzione della versione migliore di me stessa, so che gli esempi delle mie letture hanno plasmato non solo la mia visione del successo, ma anche il modo in cui voglio lasciare il mio segno nel mondo: con sicurezza, con grazia e con un sorriso che illumini il cammino altrui.

Il mio rapporto con i libri è sempre stato profondo e appassionato.

La curiosità e la sete di conoscenza sono le forze trainanti che mi spingono ad immergermi nelle pagine di ogni libro che trovo.

Ma non è solo la sapienza che cerco. Anche la psicologia e la comunicazione hanno avuto un impatto significativo sulla mia vita.

Inoltre, ho scoperto come i libri possono arricchire le mie relazioni con gli altri, aiutandomi a coltivare rapporti positivi e creando connessioni significative.

Ecco. La mia passione per la trasformazione dell'immagine delle persone è nata da qui.

Non si trattava, come oramai avrai compreso, solo di un interesse superficiale per la moda o per l'estetica; era qualcosa di molto più profondo, un desiderio di capire come l'immagine esteriore potesse riflettere e potenziare l'identità interiore.

Questo percorso mi ha portato a studiare approfonditamente non solo lo stile e la moda, ma anche la psicologia, la comunicazione, la postura e tutto ciò che contribuisce a creare l'immagine complessiva di una persona.

Ripensando a quei primissimi tempi, mi dico che, all'epoca, non avrei mai immaginato che questo percorso mi avrebbe condotto, un giorno, a scrivere per testate come Elle e Vanity Fair, commentando i look di celebrità e persone influenti con un'attenzione e una passione che avrebbero catturato l'immaginazione di tanti di lettori.

Non avrei mai pensato che avrei pubblicato dei libri, né tantomeno che avrei avuto l'opportunità di trasformare la vita di così tante persone, guidandole con cura e dedizione verso la scoperta del loro vero potenziale.

Ogni volta che una persona si avvicina a me, raccontandomi la sua storia di insicurezza e di insoddisfazione, sperimento un profondo senso di responsabilità e un desiderio ardente di aiutarla a vedere la luce che, in realtà, già risplende dentro di lei.

Attraverso un autentico processo di trasformazione, insieme percorriamo sentieri di introspezione e di autoscoperta, smantellando, con pazienza e determinazione, le barriere del dubbio e della paura. Vedere i loro occhi illuminarsi, il loro portamento diventare più sicuro, e i loro sorrisi farsi più autentici, mi regala, ogni volta, una gioia indescrivibile.

Oggi, quando mi siedo a scrivere un articolo o, per esempio, nel lavorare a questo libro, penso a tutte quelle persone che, come me, hanno sognato di poter cambiare il mondo, iniziando da se stesse.

Ogni parola che scrivo è intrisa dell'entusiasmo e della risolutezza che mi hanno spinto fin qui.

Ogni consiglio che offro è frutto di anni di esperienze e di lezioni apprese lungo il cammino.

È vero: forse non avevo immaginato che un giorno sarei diventata una guida, una fonte di ispirazione per chi cercasse una nuova strada.

Eppure, eccomi qui, a trasformare, ogni giorno l'insicurezza in fiducia, l'insoddisfazione in realizzazione, un passo alla volta, un sogno alla volta.

È un viaggio straordinario, e sono grata per ogni singolo istante di questa incredibile avventura.

La vita è semplicemente meravigliosa e io mi ritengo una persona fortunata nel fare un lavoro che amo, e di questo le persone se ne accorgono, perché quando chiedo dei feedback loro mi rimandano questa sensazione.

Le trasformazioni avvengono, non solo nelle favole.

Ho avuto modo di vedere persone rifiorire, riscoprire la propria bellezza e la propria forza, ritrovare la sicurezza che credevano di aver perso.

Ho visto come un cambiamento esteriore può influenzare profondamente la percezione di sé e il modo in cui ci si rapporta agli altri.

Questo capitolo riporta il mio nome, ma in realtà, è di te che voglio parlare.

Di te che stai leggendo queste righe e che forse, proprio come me un tempo, senti il desiderio di trasformarti.

Di te che vuoi scoprire come sentirti più sicuro, più energico, più in armonia con te stesso.

La mia storia, in questo caso, deve essere solo un esempio, un punto di partenza.

La vera storia che conta è la tua, quella che scriverai tu stesso attraverso il tuo percorso di trasformazione.

In questo libro, ho condiviso con te una piccola parte di ciò che ho imparato, alcune tecniche, alcuni segreti, alcune esperienze che mi hanno permesso di aiutare tante persone a trovare la loro strada.

Ti ho ripetuto più volte che non parliamo solo di cambiamenti esteriori, bensì di un vero e proprio viaggio interiore, di una scoperta di sé che può portare ad una vita estremamente più autentica e più soddisfacente.

Sono qui per guidarti, per ispirarti, per mostrarti che è possibile.

Che anche tu puoi sentirti sicuro di te stesso, pieno di energia e in sintonia con chi sei realmente.

Che la trasformazione è alla portata di tutti, basta avere il coraggio di iniziare.

Questo capitolo è dedicato a te, al tuo cammino, alla tua trasformazione.

La mia missione è quella di aiutarti a trovare e ad esprimere la tua essenza attraverso la tua immagine, accompagnandoti in un viaggio di scoperta personale che ti rivelerà la tua vera bellezza e la tua forza interiore. Attraverso un approccio unico e attento mi dedico ad offrirti una cura ed un'attenzione che ti stupiscano piacevolmente e che vadano oltre ogni tua aspettativa. Ogni storia che posso raccontare è una dimostrazione del mio impegno nel fare la differenza: persone che, attraverso il nostro percorso insieme, hanno riscoperto la loro fiducia, sono rifiorite e hanno trovato una nuova luce in se stesse.

Questo è il mio obiettivo: trasformare vite, una alla volta, con una dedizione e una passione senza pari.

Il Rapporto con il Cliente: La Storia di Marco, 40 Anni

Marco, un giovane manager in rapida ascesa, sentiva di venir "trascurato" e sottovalutato nel suo ambiente di lavoro, in gran parte a causa del suo stile poco curato.

Quando ci siamo incontrati la prima volta, ho capito subito che per Marco non si trattava solo di vestiti, ma di una ricerca profonda di autostima, di una sicurezza in sé stesso che non aveva mai avuto l'opportunità di sviluppare.

Indossava capi di qualità ma abbinati senza coerenza e fuori contesto.

Abbiamo iniziato con un lungo colloquio per esplorare le sue esigenze e i suoi obiettivi.

Un giorno, durante una delle nostre sessioni, l'ho convinto a fare una pausa in un elegante caffè del centro.

In quell'atmosfera sofisticata ma rilassata, ho creato uno spazio in cui Marco potesse riflettere e condividere le sue insicurezze senza timore.

Quel momento speciale ha rafforzato il nostro legame e mi ha permesso di offrirgli consigli più mirati e personali.

Ci sono persone che amano e si sentono a proprio agio solo in determinati luoghi.

Da lì parte la consulenza, cercare di tirare fuori il meglio dalla persone a volte troppo restie a comunicare con gli altri, magari perché sono cresciute in un contesto sociale a volte troppo rigido.

Oggi, Marco entra con sicurezza nelle riunioni e ha ottenuto la promozione che desiderava da tempo.

È sempre una questione di consapevolezza.

La trasformazione di Marco non è stata solo esteriore, ma una vera e propria rinascita interiore.

Lui non aveva bisogno di acquistare nuovi capi, ma solo di saperli combinare tra loro, e imparare ad indossarli nel giusto contesto

Ora, quando si guarda allo specchio, vede non solo un uomo ben vestito, ma un leader sicuro di sé, pronto ad affrontare nuove sfide con determinazione.

La sua storia è un promemoria potente del fatto che la sicurezza in sé stessi può davvero cambiare il corso della nostra vita, permettendoci di raggiungere altezze che un tempo sembravano inarrivabili.

Far Sentire il Cliente Speciale: La Storia di Elisa, 37 Anni

Elisa venne da me in cerca di una trasformazione personale in seguito ad un periodo molto difficile della sua vita.

La prima cosa che mi disse durante il nostro primo incontro fu che la gente non si ricordava mai di lei, e di come passasse inosservata.

Desiderava ritrovare la fiducia in sé stessa e sentirsi nuovamente bella.

Fin dal primo istante, il mio obiettivo fu quello di farla sentire speciale in ogni momento del nostro percorso insieme, di restituirle quella luce interiore che sembrava essere svanita.

Le spiegai della comunicazione non verbale, ma sopratutto del suo tono di voce, troppo basso, della sua stretta di mano poco decisa, e dell'insicurezza nel muoversi. Tutte cose che nel tempo a piccoli passi sono stati acquisite.

L'accompagnai nella sua esperienza di acquisto: in ogni negozio, mi premurai che venisse accolta in un camerino attrezzato e a lei dedicato, un rifugio accogliente e sicuro dove potesse provare abiti e accessori senza provare il minimo disagio.

Durante la nostra prima sessione, avevo percepito chiaramente quanto fosse importante per Elisa sentirsi coccolata e trattata con attenzione, specialmente in quel delicato momento della sua esistenza.

Così, presi la decisione di dedicarle una giornata intera, esclusivamente pensata per lei, assicurandomi che ogni dettaglio fosse curato alla perfezione.

Selezionammo abiti, scarpe e accessori su misura per lei, creando un guardaroba che riflettesse la sua rinnovata energia e il suo desiderio di rinascita.

Ogni capo scelto non era solo un pezzo di stoffa, ma un tassello di un nuovo inizio, un simbolo della forza e della bellezza ritrovate.

Vederla uscire dal camerino con un sorriso radioso e una nuova luce negli occhi è stata la mia più grande soddisfazione. In quel sorriso c'era tutto: la gratitudine, la speranza, e la consapevolezza di poter affrontare il mondo con rinnovata sicurezza.

Elisa non ha solo ritrovato la sua autostima; ha riscoperto una versione di sé stessa che forse non aveva mai conosciuto.

Ora, quando affronta la vita, lo fa con una forza interiore straordinaria e con una grazia che irradia dall'interno.

La sua trasformazione è stata molto più di un cambiamento esteriore: è stata una rinascita dell'anima, un viaggio verso una nuova Elisa, più forte e più bella di quanto potesse immaginare.

E sapere di aver avuto un ruolo in questo straordinario percorso mi riempie di orgoglio e gioia.

Il pre-shopping e La Storia di Luca, 38 Anni

Luca è un imprenditore sempre in viaggio, con una vita scandita da ritmi frenetici e incontri importanti.

Aveva bisogno di un guardaroba versatile ma elegante, che gli consentisse di sentirsi a proprio agio senza dover pensare ogni giorno a cosa indossare. Comprendevo quanto il suo tempo fosse estremamente prezioso, quindi organizzai ogni dettaglio con la massima precisione.

Prima del nostro incontro, mi immersi nel suo mondo: studiai attentamente il suo stile di vita, le sue preferenze e le sue necessità professionali.

Sulla base di queste informazioni, preparai un tour estremamente mirato di negozi, il preshopping in ognuno dei quali avevo approntato, in precedenza, una selezione accurata di abiti, scarpe e accessori, pronti per lui ancor prima che ne varcasse la soglia.

Il giorno dell'appuntamento, Luca, accompagnato da me, fu accolto in ogni nostra tappa da un assistente personale, che fu interamente a nostra disposizione e che contribuì con competenza ad ottimizzare i tempi, mentre io guidavo Luca attraverso le varie opzioni, spiegandogli ogni scelta con cura e ascoltando attentamente i suoi feedback.

Questa attenzione ai dettagli e l'approccio personalizzato fecero sì che Luca trovasse subito ciò di cui aveva bisogno, senza sprecare un solo minuto del suo prezioso tempo.

Il risultato fu un guardaroba su misura, perfetto per ogni occasione: dal business meeting informale alla cena di gala.

Ogni capo era pensato per adattarsi al suo dinamico stile di vita, garantendogli eleganza e comodità in ogni situazione.

Vedere Luca uscire dall'atelier con una nuova sicurezza e con la serenità di sapere di essere sempre all'altezza delle sue sfide quotidiane è stata una soddisfazione inestimabile.

Ora che ti ho raccontato il mio approccio e alcune delle storie dei miei clienti, possiamo vedere chi può realmente trarre beneficio da una consulenza d'immagine.

Ogni persona, te l'ho detto più volte, ha una storia unica, e il mio obiettivo è sempre quello di far emergere il meglio di ciascuno, attraverso una cura e un'attenzione che vanno ben oltre la semplice scelta degli abiti.

Ogni consulenza è un viaggio di trasformazione, un'opportunità per riscoprire e valorizzare la propria essenza, con stile e sicurezza.

Chi altro può trarre beneficio da una consulenza d'immagine?

Il mondo moderno, con la sua velocità e complessità, richiede a tutti noi di presentarci al meglio in ogni situazione. Ma cosa significa veramente "presentarsi al meglio"? E, soprattutto, chi ha davvero bisogno di una consulenza d'immagine per raggiungere questo obiettivo? Esistono diverse categorie di persone che possono trarre enormi benefici dal rivolgersi a un professionista dell'immagine.

Professionisti e Manager

In un mondo competitivo, l'immagine è una componente chiave del successo. Professionisti e manager possono trarre enorme beneficio da una consulenza d'immagine per migliorare la loro presenza e credibilità sul posto di lavoro. Mi capita spessissimo di aiutare persone appartenenti a questa categoria a presentare la migliore versione di loro stesse, in ogni contesto professionale.

Celebrità e Personaggi Pubblici

Celebrità e personaggi pubblici devono mantenere un'immagine impeccabile. Una consulenza d'immagine li aiuta a gestire ogni loro apparizione pubblica e a mantenere una coerenza visiva che rispecchia il loro brand personale. Il mio compito, quando mi trovo ad interagire con loro è fare in modo di assicurarmi che ogni dettaglio della loro immagine sia curato e coerente con quello che vogliono trasmettere.

Persone in Cerca di Trasformazione o riscatto

Chiunque desideri una trasformazione personale che rappresenti un Nuovo Inizio nella vita privata o professionale, può trovare nella consulenza d'immagine un potente strumento di cambiamento.

Lavoro con tante tipologie di persone, guidandole attraverso un percorso di scoperta e di valorizzazione del loro stile unico, che può trasformare la concezione personale di sé stesse e il modo in cui vengono percepite dagli altri.

Il Potere del Tuo Cambiamento

Il cambiamento è una forza potente, una trasformazione che può ridefinire la nostra vita in modi inaspettati e profondi.

Spesso, ci troviamo a desiderare una versione migliore di noi stessi, ma non sappiamo da dove cominciare.

Oggi, voglio lasciarti con un messaggio forte e chiaro: il tuo cambiamento può iniziare proprio adesso, in questo preciso momento.

E non si tratta solo di un cambiamento esteriore, ma di una rivoluzione interiore che può portarti a vivere una vita più autentica, soddisfacente e ricca di significato.

Il Primo Passo: Consapevolezza di Sé

Il primo passo verso il cambiamento è la consapevolezza di sé. Spesso, siamo così presi dalla frenesia quotidiana che non ci fermiamo mai a riflettere su chi siamo veramente e su cosa vogliamo dalla vita. Prenditi del tempo per guardarti dentro, per ascoltare i tuoi desideri, le tue paure e le tue aspirazioni. Chiediti cosa ti rende felice, cosa ti dà energia e cosa ti fa sentire vivo. Questa consapevolezza è la base su cui costruire il tuo cambiamento.

Stabilire Obiettivi Chiari

Una volta che hai acquisito consapevolezza di te stesso, è importante stabilire obiettivi chiari e realistici.

Questi obiettivi devono essere specifici, misurabili, raggiungibili, rilevanti e temporali. Ad esempio, se il tuo obiettivo è migliorare la tua sicurezza, potresti fissare piccoli traguardi come parlare in pubblico una volta al mese o prendere l'iniziativa in situazioni sociali. Ogni piccolo successo ti darà la motivazione e la fiducia per continuare il tuo percorso di trasformazione.

Abbracciare il Cambiamento con Coraggio

Il cambiamento richiede coraggio. Non è facile uscire dalla propria zona di comfort e affrontare l'ignoto. Tuttavia, è proprio fuori dalla nostra zona di comfort che avviene la magia.

Affronta le tue paure con determinazione e abbraccia le sfide come opportunità di crescita. Ricorda che ogni passo avanti, per quanto piccolo, è un passo verso la realizzazione del tuo potenziale.

Trasformare l'Immagine Esteriore

L'immagine esteriore gioca un ruolo cruciale nella percezione che abbiamo di noi stessi e nella percezione che gli altri hanno di noi. Investi nella tua immagine, ma fallo con autenticità. Scopri il tuo stile personale, quello che ti fa sentire a tuo agio e che riflette la tua vera essenza.

Non si tratta di seguire le tendenze della moda, ma di esprimere chi sei attraverso il tuo aspetto. Ricorda che la fiducia in te stesso nasce anche da come ti presenti al mondo.

Coltivare la Mente e il Corpo

Il cambiamento non riguarda solo l'aspetto esteriore, ma anche la mente e il corpo. Prenditi cura di te stesso a 360 gradi. Coltiva una mente sana attraverso la lettura, la meditazione e l'apprendimento continuo. Mantieni il tuo corpo in forma con l'esercizio fisico regolare e una dieta equilibrata. Un corpo sano e una mente attiva sono fondamentali per affrontare le sfide della vita con energia e positività.

Il Potere della Resilienza

Il percorso del cambiamento è costellato di ostacoli e di battute d'arresto. La resilienza è la capacità di affrontare le difficoltà e di rialzarsi più forti di prima. Non lasciarti scoraggiare dai momenti di difficoltà. Ogni fallimento è un'opportunità di apprendimento, un passo necessario per raggiungere il successo. Abbraccia la resilienza come una compagna di viaggio e continua a muoverti in avanti con determinazione.

Creare una Rete di Sostegno

Nessuno può affrontare il cambiamento da solo. Crea una rete di sostegno intorno a te, composta da persone che credono in te e nel tuo potenziale. Cerca il supporto di amici, familiari o mentori che possano offrirti consigli, incoraggiamenti e feedback costruttivi. La condivisione del tuo percorso con altri ti darà la forza e la motivazione per andare avanti.

Celebrare i Successi

Infine, non dimenticare di celebrare i tuoi successi, grandi e piccoli che siano. Ogni traguardo raggiunto è un passo avanti nel tuo percorso di cambiamento. Celebrare i successi ti permetterà di riconoscere i tuoi progressi e di mantenere alta la motivazione. Ricorda che il cambiamento è un viaggio, non una destinazione. Goditi ogni momento e continua a muoverti avanti con entusiasmo e determinazione.

Oggi, puoi decidere di iniziare il tuo cambiamento. Non importa da dove parti, ciò che conta è la direzione in cui ti muovi. Il potere di trasformare la tua vita è nelle tue mani. Inizia ora, fai il primo passo con fiducia e guarda come la tua vita può trasformarsi in modi che non avresti mai immaginato. Il tuo futuro inizia oggi.

Sfruttare il Potere della Consulenza d'Immagine per Trasformare la Tua Vita

Immagina il Tuo Potenziale

Inizia col visualizzare il tuo obiettivo più grande. Non limitarti a piccoli miglioramenti: pensa a come puoi trasformare completamente la tua immagine e presenza. Che aspetto ha la tua versione migliore? Che impatto ha sulle tue relazioni personali e professionali? Sogna in grande e costruisci una visione chiara e dettagliata del tuo potenziale massimo.

Crea una Strategia di Successo

Per raggiungere i tuoi obiettivi, è essenziale avere una strategia chiara. Il nostro personal branding è fondamentale e un marchio riconoscibile, le persone si devono ricordare di te. Il consulente d'immagine per identificare le aree chiave da migliorare, che siano il guardaroba, lo stile di comunicazione o la postura. Stabilisci un piano d'azione concreto con obiettivi a breve e lungo termine, e mantieniti fedele al percorso con determinazione e flessibilità.

Il Potere della Delega: Fidati degli Esperti

Una parte importante del percorso è imparare a fidarti degli esperti.

Lascia che il tuo consulente d'immagine ti guidi con la sua esperienza e competenza. Affidati ai suoi consigli per massimizzare il tuo potenziale, sapendo che stai lavorando con un professionista che ha a cuore il tuo successo.

Elimina le Distrazioni: Concentrati sull'Essenziale

Per trasformare radicalmente la tua immagine, è cruciale eliminare ciò che non contribuisce ai tuoi obiettivi. Identifica e rimuovi le abitudini e i comportamenti che ti trattengono. Concentrati su ciò che conta davvero: l'autenticità, la fiducia in te stesso e l'impatto positivo che puoi avere sugli altri.

Misurare i Progressi: Celebra i Tuoi Successi

Monitora i tuoi progressi regolarmente. Valuta come le modifiche alla tua immagine influenzano la tua vita quotidiana e il tuo benessere. Celebra i piccoli successi lungo il percorso, perché ogni passo avanti è una conferma che stai andando nella direzione giusta. Utilizza feedback e riflessioni per continuare a migliorare e adattarti.

Non dimenticare mai che la consulenza d'immagine è molto più di un semplice cambiamento esteriore; è un viaggio profondo verso una versione potenziata e autentica di te stesso. È un percorso che ti invita ad esplorare e a valorizzare ogni sfumatura della tua personalità, permettendoti di riscoprire la tua essenza più vera.

Abbraccia questa mentalità per superare i tuoi limiti e per realizzare una trasformazione che non solo rivoluzionerà il tuo aspetto, ma anche la tua percezione di te stesso e la tua fiducia.

Ricorda, il vero potere della consulenza d'immagine risiede nella sua capacità di rivelare la versione più autentica e fiduciosa di te stesso, quella che è pronta a emergere con rinnovato splendore.

Non si tratta solo di apparire diversi, ma di sentirsi profondamente connessi alla propria identità, di esprimere con sicurezza e grazia chi sei realmente. Questa trasformazione ti permette di affrontare il mondo con una nuova luce negli occhi, una luce che riflette la tua forza interiore e la tua bellezza unica.

Ti chiedo, ancora una volta, di immaginare di guardarti allo specchio e di vedere non solo una persona ben vestita, ma un individuo che ha abbracciato ogni aspetto della propria unicità. Ogni scelta, ogni dettaglio del tuo nuovo look non è solo un capo di abbigliamento, ma un simbolo del viaggio che hai intrapreso verso una maggiore consapevolezza e una rinnovata autostima.

Questa è la vera magia della consulenza d'immagine: ti fornisce gli strumenti per essere te stesso al massimo delle tue potenzialità, per affrontare ogni sfida con la sicurezza di chi sa di esserne pienamente all'altezza.

Quindi, ti invito ad accogliere questo viaggio con il cuore aperto e con la mente pronta a scoprire nuovi orizzonti.

Lascia che ogni passo di questo percorso ti avvicini alla versione più luminosa e autentica di te stesso, quella che è destinata a conquistare il mondo con il suo nuovo, irresistibile splendore.

Entra in contatto con me

Mi auguro davvero che la lettura di questo libro ti abbia fornito nuovi spunti di riflessione e nuove intuizioni.

Mi piacerebbe sapere che sono riuscita a parlare al tuo cuore e alle tue emozioni.

Perciò, se desideri approfondire questo viaggio straordinario che è lo studio della tua immagine, attraverso i miei servizi, ecco come puoi contattarmi:

Sito internet: www.soniachirico.it
Indirizzo email: info@soniachirico.it

Ringraziamenti

Un grazie particolare va all'amore più grande della mia vita, i miei figli Emily e Jacopo, per la loro pazienza durante le mie assenze lavorative e le ore passate davanti al computer del mio studio ad aspettarmi.

A Umberto, che mi è sempre stato accanto, nel bene e nel male, una figura alla quale mai rinuncerei, che mi ha permesso di coltivare le mie passioni e il mio lavoro dandomi fiducia e credendo in me.

E, per finire, ad Alessandro, una figura importante che mi ha sempre spronato a fare di più e mi ha supportato nelle mie decisioni e indecisioni.

(Si dice che nella vita, noi siamo in una piccola parte chi frequentiamo e che ognuno di loro ci lascia qualcosa)

AUTORITAS
EDITORE

Questa opera è edita da Autoritas Editore

http://AutoritasEditore.it

Made in the USA
Columbia, SC
05 October 2024